— *UMA* —
DECLARAÇÃO DE
AMOR

Eles não enganaram a morte, apenas acreditaram na vida

FICHA CATALOGRÁFICA

(Preparada na Editora)

Frungilo Júnior, Wilson, 1949-

F963u   *Uma declaração de amor* / Wilson Frungilo Júnior.
Araras, SP, IDE, 1ª edição, 2014.

352 p.

ISBN 978-85-7341-617-6

1. Romance 2. Espiritismo. I. Título.

CDD-869.935
-133.9

Índices para catálogo sistemático:

1. Romance: Século 21: Literatura brasileira 869.935
2. Espiritismo 133.9

WILSON FRUNGILO JR.

UMA

DECLARAÇÃO DE

AMOR

Eles não enganaram a morte, apenas acreditaram na vida

ide

Romance Espírita

ISBN 978-85-7341-617-6
1ª edição - abril/2014
2ª reimpressão - abril/2023

Copyright © 2014,
Instituto de Difusão Espírita - IDE

Conselho Editorial:
Doralice Scanavini Volk
Wilson Frungilo Júnior

Produção e Coordenação:
Jairo Lorenzeti

Revisão de texto:
Mariana Frungilo Paraluppi

Capa:
César França de Oliveira

Diagramação:
Maria Isabel Estéfano Rissi

Parceiro de distribuição:
Instituto Beneficente Boa Nova
Fone: (17) 3531-4444
www.boanova.net
boanova@boanova.net

INSTITUTO DE DIFUSÃO ESPÍRITA - IDE
Rua Emílio Ferreira, 177 - Centro
CEP 13600-092 - Araras/SP - Brasil
Fones (19) 3543-2400 e 3541-5215
CNPJ 44.220.101/0001-43
Inscrição Estadual 182.010.405.118

www.ideeditora.com.br
editorial@ideeditora.com.br

Todos os direitos reservados. Nenhuma parte desta publicação pode ser reproduzida, armazenada ou transmitida, total ou parcialmente, por quaisquer métodos ou processos, sem autorização do detentor do copyright.

Sumário

Capítulo 1 7

Capítulo 2 13

Capítulo 3 25

Capítulo 4 29

Capítulo 5 39

Capítulo 6 43

Capítulo 7 49

Capítulo 8 69

Capítulo 9 89

Capítulo 10 95

Capítulo 11 109

Capítulo 12 125

Capítulo 13 137

Capítulo 14 147

Capítulo 15 161

Capítulo 16 171

Capítulo 17 177

Capítulo 18 191

Capítulo 19 197

Capítulo 20 209

Capítulo 21 217

Capítulo 22 233

Capítulo 23 247

Capítulo 24 255

Capítulo 25 265

Capítulo 26 273

Capítulo 27 279

Capítulo 28 289

Capítulo 29 295

Capítulo 30 303

Capítulo 31 309

Capítulo 32 317

Capítulo 33 325

Capítulo 34 331

Epílogo 341

Reflexão 345

Capítulo 1

ERAM PERTO DE DEZ horas da noite, e Tales já se encaminhava em direção ao quarto quando deteve os passos a meio caminho e lentamente entrou em um cômodo que lhe servia de escritório, acendeu apenas a luz de uma luminária que se encontrava sobre uma grande mesa, abriu um armário que continha álbuns de fotografias e apanhou pequena caixa de madeira.

Sentou-se, abriu-a, passando a examinar detidamente alguns poucos objetos que ela continha, e depositou-os carinhosamente, um ao lado do outro, sobre o tampo da mesa, até que, por fim, retirou dela um pequeno envelope amarelecido.

Abriu-o com muito cuidado, retirando, de seu interior, uma foto bastante antiga, em meiostons, característica das fotografias dos anos 60, quando fotos em cores ainda eram muito caras e nem tão perfeitas como hoje.

Aproximou-a um pouco da luz e sorriu. O rosto de Nelly, com dezenove anos, estava radiante, e seu sorriso parecia envolvê-lo, mesmo tendo sido fotografada quatro anos antes de eles se conhecerem.

Para ele, essa foto era especial, motivo pelo qual ele a guardava naquela caixa.

EM SEGUIDA, APANHOU um livro que se encontrava sobre a escrivaninha e leu, com muita atenção, o trecho que já lera por várias vezes. Tratava-se de um diálogo entre dois irmãos que falavam sobre um assunto que muito lhe interessava ultimamente: a emancipação do Espírito durante o sono físico. E um dos irmãos explicava à irmã o que tinha aprendido:

– Pelo que pude entender, durante o sono, o Espírito desprende-se do corpo, através do fenômeno denominado emancipação da alma, permanecendo a ele ligado por cordões

de luz, e que, revestido pelo perispírito, entra em contato com o Plano Espiritual.

Alguns, após esse desprendimento, podem encontrar-se com entes queridos que se encontram desencarnados e, nesses momentos, conversarem, tocarem-se e até participarem, juntamente com Espíritos mais evoluídos, de atividades de aprendizado ou de auxílio a necessitados, encarnados ou não.

A grande maioria, quando desperta do sono físico, não se lembra desse intercâmbio, vindo-lhe, à memória, apenas cenas e acontecimentos de um sonho com informações contidas no cérebro material e que são liberadas nesse estado de adormecimento. De outras vezes, o Espírito, após acordar, chega a recordar-se vagamente de suas atividades extracorpóreas, porém, lembranças essas surgem como que embaralhadas com as imagens do sonho cerebral, mais ligadas à vida cotidiana. São raros os casos em que o Espírito consegue se lembrar total ou quase totalmente dos acontecimentos do Plano Espiritual.

– Que deve ser o caso de papai, que quase não se lembra do que fala com mamãe, mas sente que esteve com ela e desperta feliz com isso.

Mas na maior parte das vezes, os Espíritos, infelizmente, ainda não conseguem ter uma participação sublime como essa e tendem a encontrar-se com Espíritos mais inferiores, com eles convivendo em estranhas e bizarras atividades, ligadas a diversas categorias de viciações e erros.

E Tales se perguntou:

"Será que eu teria condições de me encontrar com Nelly? Ainda não senti nada em relação a isso, Gostaria tanto, meu Deus, e tenho certeza de que, se me encontrasse com ela, durante a emancipação do Espírito, eu acordaria com a sensação de isso ter acontecido."

"Vou orar bastante e procurar ser merecedor dessa bênção."

Desde que sua esposa falecera, Tales pensava a todo o momento em conseguir encontrar-se com ela durante o sono do corpo físico.

TALES, 76 ANOS DE IDADE, viúvo há três meses de Nelly, 74 anos.

Aposentado, participava como cotista de bem-sucedida cerealista da cidade.

Um casal que protagonizou uma verdadeira e bela

história de amor, digna de ser versejada pelas letras dos mais brilhantes poetas que, incansavelmente, passam a vida toda intentando retratar o amor com sublimes e emotivas rimas.

Dois enamorados que, com muita dedicação e carinho, souberam desenvolver, através dos ditames do afeto e do verdadeiro amor, uma família unida e feliz.

Tiveram e bem encaminharam três filhos que, hoje, assim se constituem:

Carlos, 47 anos, comerciante, Alfredo, 44, engenheiro civil e Lilian, 42, médica ginecologista.

Através deles, viram-se agraciados com duas noras, Amanda, 45, e Elizabeth, 41, e o genro Mário, 44 anos. E os netos Roberto, 22, Carla, 17 e Diogo, 16 anos.

E agora?

Será que tudo seria sofrimento para Tales, com a partida de Nelly, o grande amor de sua vida?

Será que os frios braços da morte conseguiriam separá-los?

Todos sabemos que Deus, na Sua infinita bondade e sabedoria, quando nos cerra uma porta, outra, ainda maior, por Ele, é aberta à nossa frente desde que possuamos a chave.

E Tales a possuía.

A chave da fé, da esperança e da certeza, solidificada com o amálgama do amor ao semelhante e moldada através das matrizes delineadas pelas máximas de Jesus.

Mas não nos detenhamos mais em considerações.

Penetremos com os nossos olhos e o nosso pensamento na leitura que se segue, por vezes, retornando à idade jovem de Tales e Nelly, em lembranças vivas e detalhadas, sob a ótica de cada um deles.

Capítulo 2

NO PLANO ESPIRITUAL...

Nelly despertou de profundo e pesado sono. Abriu os olhos lentamente e, sem mesmo atinar onde se encontrava, chamou pelo marido.

– Tales... Tales...

Mas não obteve nenhuma resposta.

– Tales...

Nesse momento, ouviu o som, ao longe, de uma campainha, parecendo-lhe vir do lado de fora da porta do quarto, que se encontrava fechada.

– Tales... A campainha...

Mas parecia que o pequeno esforço para chamar pelo marido lhe tirava as forças, sendo novamente tomada por incontrolável sono. E adormeceu.

Passou, então, a sonhar, mas não se tratava de um

sonho como os que estava acostumada a ter quando dormia. Era algo diferente. Encontrava-se sem forças para abrir os olhos, ao mesmo tempo em que sua mente divagava em pensamentos e cenas a desfilarem diante de si como se as estivesse assistindo como um expectador comum, porém, vivenciando-as. Via-se nelas e as vivia com intensidade.

Em poucos segundos, percebeu que estava, de alguma forma, relembrando e vivendo toda a sua vida, desde a infância até os últimos momentos em que estivera acordada. Sabia que esse "filme", assistido e vivido, já lhe havia sido apresentado há pouco tempo e recordava-se disso.

Parecia que toda a sua vida, em detalhes minuciosos, transportava-se de seu inconsciente para seu consciente e, enquanto que, por vezes, eram lembranças que lhe traziam felizes recordações como se estivessem ocorrendo naquele mesmo instante, de outras vezes, tratava-se de cenas a lhe trazerem, dessa feita, pequenos dissabores, que fizeram parte de sua vida.

E, como da primeira vez, tudo lhe fora rápido demais, passando, então, após essa experiência a, simplesmente, lembrar-se do marido e dos filhos, até que, finalmente, despertou, após algumas horas, e lentamente abriu os olhos.

Não reconhecendo o quarto onde se encontrava deitada, passou a examiná-lo detidamente, apenas movimentando a cabeça de um lado para o outro, pois seu corpo, apesar de obedecer-lhe as ordens mentais, movia-se lentamente como se estivesse com pouco tônus muscular.

De qualquer forma, sabia que não se encontrava em sua casa, mais parecendo-lhe um quarto de hospital, apesar de não se encontrar ligada a nenhum aparelho clínico, exceto por um pequeno artefato preso ao seu indicador da mão esquerda, bastante parecido a um oxímetro, já que um finíssimo fio saía de uma de suas extremidades, sendo que a outra se encontrava fora de seu campo de visão.

Tratava-se de um quarto bastante simples, com paredes pintadas de branco, uma cadeira de seu lado direito, um suporte para alimentação, um armário e uma janela com uma cortina de tênue tecido. Os móveis pareciam ter sido produzidos com um material diferente de tudo o que já havia visto, sendo que o que mais a impressionou foi o fato de não conseguir, pelo menos dentro de seu ângulo de visão, verificar nenhuma emenda ou parafusos ligando as partes, como se tudo tivesse sido construído por meio de uma única peça.

"Meu Deus! Onde será que me encontro? Parece-me mais um hospital, mas não me lembro de ter sido trazida até aqui. E por que não há nenhum de meus filhos ou meu marido aqui presentes? Será que passei mal ou tive algum problema de saúde de que não me lembro? Preciso chamar alguém, uma enfermeira, se é que, realmente, encontro-me no leito de uma casa de saúde..."

E, pensando assim, girou o corpo o máximo que pôde a fim de encontrar alguma campainha, mas nada viu. Fez um pouco mais de esforço no intento de encontrá-la, surpreendendo-se com o toque de uma, mais intensa agora, do lado de fora da porta daquele quarto. Percebeu também que havia uma outra porta, um pouco mais à esquerda.

"Talvez, esta outra seja a do banheiro".

Nesse instante, como se alguém tivesse ouvido o som suave daquela sineta, a porta se abriu, dando passagem a uma pessoa que, prontamente, imaginou ser uma enfermeira ou uma médica.

– Bom dia, senhora – cumprimentou a jovem, sorridente, toda vestida de impecável uniforme branco.

Na verdade, foi com o traje hospitalar, parecendo ter sido feito sob medida e sem nenhuma marca de dobra no tecido, que Nelly primeiro se impressionou, além, evidentemente, da beleza e do carinhoso sorriso da moça.

– Bom dia – respondeu, complementando com uma pergunta. – Isto é um quarto de hospital?

E, sem deixar o sorriso de lado, a enfermeira respondeu-lhe, solícita e naturalmente:

– Digamos que se trata de uma clínica de recuperação e de esclarecimento.

– Clínica de recuperação? Não estou entendendo, pois nem me lembro de ter adoecido. O que aconteceu comigo? E meu marido? Meus filhos?

– Meu Deus, dona Nelly, quantas perguntas... Pelo seu estado, acredito que tenha passado por algum mal súbito e necessitou de alguns cuidados médicos. Fique tranquila. Logo, logo, o doutor Mendonça virá lhe falar.

– Mas... Como é mesmo seu nome?

– Oh, desculpe-me, eu não lhe disse ainda. Pode me tratar por Lia. Sou enfermeira desta clínica.

– Então, Lia... Gostaria de saber onde se encontram meu marido e meus filhos. Penso que deveriam estar aqui, não?

– No momento, não se encontram, dona Nelly, mas não se preocupe com isso agora. Com certeza, eles devem estar a todo o instante pensando na senhora. Além do mais, o doutor Mendonça irá lhe dar notícias daqui a pouco.

– Mas por que você não pode falar?

– Simplesmente, porque estou iniciando hoje o meu

serviço nesta ala da clínica, onde a senhora ficará sob meus cuidados pelo tempo que aqui permanecer – respondeu a jovem, carinhosamente.

– Isso quer dizer que terei ainda que passar mais tempo internada?

– Só sei informar-lhe que tudo dependerá da senhora, ou seja, dependerá de como irá reagir, agora que despertou.

– Despertei...? Diga-me uma coisa: há quanto tempo me encontro aqui?

– Isso também não saberia lhe responder. Até porque, ainda não verifiquei o seu prontuário – respondeu Lia, passando a ajeitar o fino lençol que cobria Nelly, que agora, sorrindo, encantada com o desvelo da moça, comentou:

– Penso que tomei algum medicamento tranquilizante, Lia.

– Por quê? Está sentindo-se bastante tranquila?

– Estou, mas não é somente por isso. É que tive um sonho por demais estranho.

– Estranho...?

– Sim, sonhei em detalhes com quase todos os momentos de minha vida, desde a infância, até onde poderia me lembrar. Mas não foi um sonho como os que estou acostumada. Foi um sonho muito... eu diria... muitíssimo real. Sentia-me vivendo esses momentos ao mesmo tempo em que me parecia estar assistindo a eles. E o que foi bastante interessante é que... eu diria... muito rápido. Como um filme projetado em câmera rápida.

– Foi muito real, dona Nelly?

– Tão real que cheguei a emocionar-me nessa experiência. Mas isso não é tudo...

– Não? O que mais?

– É que... Agora mesmo... Neste preciso instante, sinto-me leve... Tão leve que nem pareço sentir esta cama sob minhas costas. Penso até que, se desejasse, poderia sair voando, planando...

– É... Deve ser o efeito de algum medicamento que, porventura, tenha sido ministrado à senhora.

– Mas não me lembro de ter tomado algum remédio.

Nesse momento, a porta se abriu, dando passagem ao doutor Mendonça, que trazia largo sorriso nos lábios e, assim como Lia, todo vestido de branco.

– Bom dia, dona Nelly... Que Deus a abençoe. Como se sente?

– Este é o doutor Mendonça, de quem lhe falei há pouco – informou a enfermeira, cumprimentando-o também.

Nelly não pôde deixar de sorrir, contagiada pela alegria que o médico lhe transmitia, parecendo conhecê-lo de longa data, tamanha a sua simpatia.

– Estou muito bem, doutor. Somente não consigo atinar com o motivo pelo qual me encontro nesta clínica e muito menos do porquê de meu marido e meus filhos não se encontrarem aqui quando despertei.

– Não se preocupe, dona Nelly, pois temos respostas a todas as suas indagações. Cada uma no seu momento certo. Mas ainda não respondeu à minha pergunta.

– Se me sinto bem?

– Sim...

– Como disse a Lia, estou me sentindo muito tranquila, e com uma indescritível leveza. Chego a pensar que poderia planar no espaço se assim o desejasse. E que tive um sonho bastante real, no qual me lembrei de muitas fases da minha vida. Na verdade, creio que todas, apesar de não mais lembrá-las com tanto detalhe. Tudo isso seria causado por algum medicamento?

E antes que o médico respondesse às perguntas, Lia pediu licença para se retirar, não sem antes se colocar à disposição da paciente, informando-lhe de que bastaria apertar o botão de um pequeno controle.

– Se necessitar de alguma coisa, basta apertar este botão – disse a enfermeira, apontando para uma saliência localizada na estranha peça que se encontrava presa ao dedo de Nelly –, e serei alertada, vindo para cá imediatamente.

– Obrigada, Lia. Mas não me lembro de tê-lo acionado quando quis chamar alguém e você veio me atender.

– Não se preocupe com isso agora – respondeu Lia. – Há outros meios pelos quais se faz soar a campainha.

Dizendo isso, a moça limitou-se a sorrir e saiu do quarto.

– E, então, doutor? O que aconteceu comigo?

O médico tomou de uma cadeira e sentou-se junto à cama.

– O que posso lhe informar no momento, dona Nelly, é que a senhora, pela idade que apresenta, passou por um tipo de descompasso cerebral, necessitando de um pouco de repouso a fim de se recuperar.

– Descompasso cerebral? O senhor quer dizer um derrame cerebral? Mas não sinto nada fisicamente... Nenhuma parte de meu corpo se encontra comprometida, pelo que posso perceber... Já experimentei movimentá-lo todo e com sucesso.

– Vamos, então, considerá-lo como um acidente vascular cerebral de pouca intensidade e sem sequelas.

– Mas não me lembro de nada...

– É muito comum não se lembrar.

– E como estou, doutor? É grave o meu caso?

– Não, e você mesma já está verificando isso.

– Sinto-me muito bem.

– Pois, então...

– Mas torno a insistir: e meu marido e meus filhos? Por que não estão aqui? Está escondendo algo de mim, doutor?

O doutor Mendonça sorriu-lhe novamente.

– Vou começar a responder-lhe, iniciando pela sua última pergunta. Você verá por si mesma que não estou lhe escondendo nada a respeito de sua saúde.

E, levantando-se da cadeira, o médico aproximou-se mais da cama, colocou sua mão direita por debaixo do travesseiro e, erguendo-o, juntamente com a cabeça de Nelly, convidou-a:

– Procure sentar-se lentamente. Vou ajudá-la.

E a mulher, com muita facilidade, sentou-se.

– Muito bem – exclamou o homem. – Está se saindo otimamente bem.

E acionou a campainha, o que fez com que, em alguns segundos, Lia retornasse ao quarto.

– Pois não, doutor?

– Lia, por favor, auxilie dona Nelly a colocar os pés e as pernas para fora da cama.

– Vou poder ficar em pé?

– Sim. Lia, por favor, calce-lhe as chinelas.

– Posso descer da cama?

– Apoie-se em Lia e conseguirá.

– Sinto-me um pouco zonza.

– Isso também é natural, dona Nelly. Logo passará. Dê alguns passos. Caminhe.

E a senhora fez o que o médico lhe recomendou, auxiliada pela enfermeira.

– Como está se sentindo?

– Como já disse, sinto-me muito leve. Posso ir até a janela?

– Oh, sim. Abra as cortinas, Lia, para que dona Nelly veja o jardim.

O quarto se encontrava no andar térreo, e Nelly, assim que chegou à janela, não se conteve, exclamando:

– Meu Deus, como é lindo esse jardim! O que está acontecendo com a minha visão, doutor? Vejo tudo com uma nitidez que nunca experimentei em toda a minha vida. O verde do gramado parece se acender... E as flores... As cores... Tudo tão nítido e... doutor... de que substância especial são feitas essas flores tão radiantes? E esse azul do céu? O que significa tudo isso, doutor? – perguntou Nelly, agora lembrando-se de algumas obras literárias que lera. – Meu Deus! E essas aves que se aproximam, nimbadas de luz?! Não é possível! Só posso estar sonhando... Ou, então...?

E Nelly desfaleceu ante a ideia que se lhe acometera a mente. Com o auxílio de Lia, o médico recolocou-a sobre a cama, cobrindo-a com o lençol.

– Por favor, Lia, permaneça com ela até que volte a si, tranquilize-a o melhor que puder e me chame em seguida. Certamente, irá descansar por algum tempo.

– Sim, doutor.

– Ela já percebeu o que aconteceu, pois já tinha conhecimentos necessários para tanto.

– É o que penso também.

Capítulo 3

– BOM DIA, ODAIR.

– Bom dia, Tales – respondeu o dono do açougue. – O de sempre?

– O de sempre.

– Eu até já tomei a liberdade de cortar a carne como você sempre me recomenda. E vou dar um desconto, contribuição minha. Afinal de contas, vocês estão realizando um bonito e importante trabalho, meu amigo.

– E nós lhe agradecemos muito, pois aquelas pessoas são muito necessitadas.

– São os catadores de recicláveis, não?

– A maioria, Odair.

– Ficou bonita a pintura da caminhonete, e estou vendo que mandou pintar uma frase na parte do baú.

– Gostou?

– "O exercício do amor verdadeiro não pode cansar o coração – Emmanuel / Chico Xavier". – Muito bonita.

– Sábia e animadora, eu diria.

– É verdade, mas, Tales, por que você leva a sopa, os pães, a água, até eles? Não poderiam vir alimentar-se no Centro Espírita?

– Ficaria difícil para eles, Odair. Por isso, nós levamos até o depósito de ferro-velho, aquele barracão na periferia da cidade, que lhes compram o que coletam.

– Sei onde fica.

– E eles moram por lá mesmo. Alguns possuem uma casinha, um casebre na verdade. Há outros que dormem debaixo das marquises da construção. E ainda vão lá outras famílias para se alimentarem e que vivem naquele local. Então, é melhor que levemos o alimento até eles. Agora, com a proximidade do inverno, faremos uma campanha para a compra de agasalhos e cobertores.

– Pois também pode contar comigo, Tales. Terei imenso prazer em ajudar.

– E pode ter certeza de que são boas pessoas, viu, Odair? A única diferença é que são muito pobres.

– E como é que vocês fazem com os pratos e talheres, depois de os servirem?

– Quando terminamos tudo, retornamos ao Centro e lavamos com água quente, detergente, depois enxugamos, guardamos, e vamos para casa.

– Você vai toda noite?

– Temos duas equipes que se revezam. Eu, por exemplo, vou três vezes por semana, e sempre há voluntários a mais para o caso de alguém precisar faltar.

– Iniciaram esse trabalho há pouco tempo, não?

– Deve estar completando dois meses, Odair. Inclusive, essa tinha sido uma ideia da minha esposa. Infelizmente, faleceu antes.

– Mas, com certeza, esteja onde estiver, deve estar muito orgulhosa de vocês, não?

– Acredito nisso, meu amigo.

– Dona Nelly era uma pessoa muito bondosa.

– Aprendi muito com ela nestes anos todos.

– Essa caminhonete... Foi você quem comprou, não foi? É sua...

– É nossa, Odair. Na verdade, ela pertence ao trabalho que realizamos.

– Compreendo... Bem, aqui está a sua encomenda. Vou levá-la até o veículo.

– Obrigado, meu amigo, e também pela contribuição – agradeceu Tales, efetuando o pagamento ao açougueiro.

– Qualquer dia destes, darei uma passada por lá para conhecer o trabalho de vocês.

– Será muito bem-vindo. Até mais e obrigado.

– Até mais.

Capítulo 4

CERCA DE QUARENTA minutos depois, lentamente, Nelly abriu os olhos, tentando colocar os pensamentos em ordem, parecendo não se lembrar do que lhe ocorrera, na verdade, da conclusão a que chegara ao olhar pela janela da clínica. Ainda deitada, permaneceu momentaneamente desligada da realidade até voltar o olhar para o céu, através da abertura da mesma janela, e ver os mesmos pássaros a descreverem círculos, formando rastros de luzes brancas a se destacarem no azul vívido do firmamento, dando conta, então, do que poderia estar sucedendo.

Não entrou em pânico, mas a verdade, que cada vez mais se lhe insurgia no pensamento, acabou por trazer-lhe uma penosa sensação de fragilidade diante do desconhecido. E com voz trêmula, dirigiu-se à jovem enfermeira que, serena, apenas a fitava, em pé, ao seu lado.

– Lia...

– Pois não, dona Nelly.

– Onde realmente me encontro? E, por favor, não me responda que estou numa clínica de recuperação. Quero saber... Quero saber... Em que lugar do mundo... Ou do Universo...

– Dona Nelly, assim que a senhora despertou, acionei um chamado para o doutor Mendonça que, em poucos segundos, estará aqui. Ele é quem deverá lhe informar.

A mulher permaneceu em silêncio com teimosa lágrima a tentar brotar-lhe dos olhos e, antes mesmo que lhe escorresse pela face, a porta se abriu, dando passagem ao médico que, sorridente como sempre, perguntou-lhe:

– Sente-se melhor, senhora?

Ainda olhando para os pássaros que continuavam a voar em círculos, Nelly perguntou:

– Onde me encontro, doutor? Por acaso, desencarnei de meu corpo físico?

Dr. Mendonça tomou-lhe as mãos entre as suas e procurou falar-lhe da forma mais tranquila possível, estudando atentamente todas as suas reações, iniciando com uma pergunta e tratando-a, agora, de maneira mais informal, apenas pelo nome.

– É o que lhe parece, Nelly?

A senhora olhou para ele, mais uma vez para a janela, e respondeu:

– É o que me parece, sim. Que lugar mais poderia oferecer paisagem tão linda, com cores tão vivas e, ainda, aqueles lindíssimos pássaros a irradiarem luzes, senão uma colônia de auxílio cristão do Plano Espiritual? Por outro lado, caso eu esteja certa sobre o local em que me encontro, não posso deixar de sentir que ainda teria muito por fazer na carne, enfim, na Terra. Também me passa agora pelo pensamento o porquê de eu estar recebendo um carinho e uma atenção tão grande, levando-se em consideração que, a meu modo de ver, pouco mereço?

Com essa pergunta, Nelly calou-se, olhando fixamente para o médico que, sorrindo, ficou a pensar sobre a melhor forma de responder-lhe. Mas apenas alguns segundos permaneceu meditando, pois, gentil como sempre, iniciou sua fala, de forma mansa e branda, carregada de muita compreensão e carinho:

– Nelly, você não desconhece que não devemos julgar precipitadamente quaisquer acontecimentos de nossas vidas, sejam eles de dor ou de alegria, porque sabemos que os de sofrimento somente podem ter sido ocasionados por nós, e os de felicidade, por Deus. E mesmo os de mágoas, na verdade, são percalços que a vida, tão bem organizada pelo

Criador, enseja-nos, como oportunidades de reflexão e de aprendizado.

– Sei disso, doutor, e sei também que não devemos nunca reclamar de qualquer tipo de ocorrência, tendo em vista sabermos que Deus é justo e perfeito e que se tivéssemos qualquer pensamento de inconformação, por este ou por outro motivo, estaríamos pondo em dúvida esse amor que Deus nutre por todos nós, Seus filhos. Sei disso tudo, porém, não posso deixar de me sentir invadida por profundo sentimento de tristeza, pela ausência de meus familiares, na verdade, de meus filhos e de meu marido. Formávamos uma família muito feliz e equilibrada.

A mulher calou-se por alguns poucos segundos e, voltando-se novamente para o médico, perguntou-lhe:

– Doutor, encontro-me desencarnada de meu corpo material? Meu corpo faleceu? Morreu?

– Foi o que aconteceu, Nelly. Você encontra-se no verdadeiro plano da vida. Imagino que queira saber mais detalhes...

Após pensar por mais alguns instantes, tornou a perguntar:

– Há quanto tempo, doutor?

– Há três meses, Nelly.

– Três meses?!

– Três meses e dois dias, para ser exato.

– E por onde andei durante esse tempo todo? Não me lembro de nada.

– Você encontrava-se em tratamento médico.

– Tratamento médico?

– Na verdade, Nelly, você sofreu um derrame cerebral fulminante.

– Meu Deus!

– Após esse acidente vascular, foi desligada com o auxílio de entidades espirituais especializadas e trazida para um hospital onde, após tratamento de recomposição fisiológica em seu perispírito, foi transferida para esta clínica que, como já lhe foi dito, cuida da recuperação e do esclarecimento dos que, para esta colônia, são encaminhados.

– Mas e meus filhos, meu esposo? Como estão, doutor? Devem estar sofrendo muito com a minha ausência... Assim como eu...

E Nelly não conseguiu conter as lágrimas, e um choro convulsivo irrompeu de si como se somente agora tivesse tomado consciência do que verdadeiramente lhe estava ocorrendo.

Nesse momento, uma suave campainha soou, e Lia abriu a porta, dando entrada a uma religiosa, que trajava um hábito de freira.

E Nelly não pôde conter a surpresa.

– Irmã Lúcia! É você mesma?! Não posso acreditar!

– Nelly, minha boa companheira de jornada! – respondeu a freira, sorrindo e abraçando a amiga que, no mesmo instante, levantara-se da cama, pondo-se em pé.

– Mas como isso é possível, Irmã?

E alegre e radiante com a presença da amiga, que já desencarnara havia alguns anos, perguntou ao Dr. Mendonça:

– Mas, afinal de contas, doutor, esta clínica de recuperação é espírita ou católica?

E o médico, rindo da perplexidade dela, respondeu:

– Está clínica é cristã, onde trabalhamos para Jesus.

– Mas... Eu pensei...

– Você tem toda a razão em ficar perplexa, Nelly – disse a freira –, pois ainda se sente muito ligada a rótulos.

– Sim... é que...

– Verdadeiramente – continuou a Irmã Lúcia –, o que você quer saber é quem está com a verdade: se o Espiritismo ou a minha religião, não é?

– Sim...

– Veja bem, minha amiga... Vamos ver por este lado: na Terra, você acreditava na Doutrina Espírita, e eu, nos preceitos católicos. Vamos dizer que, hoje, eu já creio na necessidade das encarnações, na comunicabilidade dos Espíritos desencarnados com os encarnados, numa vida bem mais parecida com a da Terra, sem a prepotência de crermos que, com o pouco que realizamos, já estaríamos aptos a viver num paraíso ou nos encontrarmos com Deus após a morte do corpo físico.

Tudo isso, eu já sei, mas não era assim que eu, a princípio, imaginava, apesar de que, com o passar do tempo, ainda na Terra, comecei a ver as coisas de uma maneira um pouco diferente, após ler alguns livros espíritas, por curiosidade.

Mas o que interessa, o que é o mais importante, é que, seguindo esta ou aquela religião, sejamos cristãos, ou seja, pratiquemos o que Jesus nos ensinou.

Hoje, também sei que é mais fácil as pessoas se tornarem cristãs, através dos ensinamentos espíritas, mas também sabemos que há tantas outras que, adeptas de outros pensamentos religiosos, são, muitas vezes, mais cristãs que nós duas juntas.

– Você tem toda a razão, Irmã Lúcia. Acima de tudo, temos que ser cristãs.

Nelly, então, permaneceu por alguns segundos em silêncio, até que, tristemente, perguntou, sob o olhar atento e carinhoso do Dr. Mendonça:

– Minha amiga, gostaria muito que me ajudasse.

– Estou aqui para isso, Nelly, e até sei de que ajuda você necessita.

– Você sabe?

– Vamos dizer que imagino.

– E o que imagina?

– Deseja que eu a ajude a conformar-se com o que lhe aconteceu, ou seja, com a sua passagem para o lado de cá, o verdadeiro lado da vida.

– Pois é isso mesmo, Irmã. Estou muito triste, apesar de todo o meu conhecimento sobre isto tudo. Sinto muita saudade de meus filhos, de meus netos e de meu marido, além do que, a consciência de que deixei a Terra é muito recente, na verdade, apenas algumas horas.

– E do que mais necessita neste momento?

– Notícias, Irmã Lúcia. Notícias deles. Quero saber como se encontram... Se estão sofrendo muito... Na verdade, meus filhos têm a própria família agora, mas e quanto a Tales, meu marido? Sozinho naquela casa... Éramos tão ligados e nos amávamos tanto... Sinto muita pena dele. Você poderia conseguir notícias?

E Nelly, voltando um olhar suplicante para o Dr. Mendonça, perguntou-lhe:

– E eu não poderia visitá-los, doutor? Só para ver como estão...

– Você sabe, filha, que para tudo tem a hora certa.

– Sei disso. Já li a respeito, mas... talvez... alguém pudesse trazer-me notícias.

– Fique tranquila, Nelly, quando menos esperar, poderá vê-los. Mas esse momento somente dependerá de você.

– Tenho de fazer por merecer, não é?

– Isso mesmo.

– Então, diga-me o que terei de fazer e o farei.

– Por isso, estou aqui, Nelly – respondeu-lhe a Irmã. – Já fizemos muita coisa boa, não?

– Eu apenas a auxiliei.

– Eu diria um grande auxílio, mas o que me diz de trabalharmos juntas novamente? Há muito trabalho aqui neste plano.

– Teria imenso prazer, Irmã. E pelo que estou entendendo, o trabalho no bem seria o meu bilhete, a minha autorização para visitar os meus, não?

– Você sabe disso. O trabalho não somente lhe dará a permissão necessária para isso como a preparará para esse encontro. Você verá...

– Mas, de qualquer forma, você não poderia visitá-los e trazer-me notícias?

A Irmã olha para o Dr. Mendonça que, sorrindo, a autoriza com um simples menear de cabeça.

– Eu já o fiz, Nelly.

– Já?! E como estão?! – perguntou, ansiosa.

– Sente-se aqui ao meu lado – convidou a Irmã, tomando as mãos de Nelly.

– Bem – disse o médico –, eu e Lia vamos deixá-las a sós, pois ainda temos muitos afazeres.

– Cuidarei bem dela – respondeu a religiosa.

– Tenho plena certeza disso. E depois que conversarem, Irmã, leve-a para conhecer os jardins da clínica e também algumas dependências.

– Eu a levarei, sim, doutor.

Capítulo 5

QUANDO TALES SAIU do açougue, dirigiu o veículo até o Centro Espírita e, com a ajuda de dois voluntários, que lá já se encontravam, descarregou a carne.

– Já fomos buscar o macarrão, seu Tales. As verduras virão logo mais.

– Ótimo, Tiago. Vou deixar o veículo aqui na garagem e vou voltar a pé. À tardezinha, estarei de volta para iniciarmos a distribuição. Quem irá cozinhar hoje?

– Dona Olga e mais três da sua equipe.

– Certo. Eu já vou indo, então. Deixarei a chave da caminhonete no lugar de costume. Até mais tarde.

– Até mais.

Tales havia caminhado apenas algumas quadras quando ouviu uma buzina e o carro da filha estacionando junto ao meio-fio, ao seu lado.

– Bom dia, pai.

– Bom dia, Lilian.

– Entre. Dou-lhe uma carona.

Tales acomodou-se ao lado da filha, e ela beijou-lhe o rosto, como sempre fazia.

– Tudo bem, papai? Aonde vai indo?

– Vou passar na nova obra do Alfredo. Combinamos de nos encontrar lá, pois tenho que apanhar um cheque com ele.

– A contribuição do mês para a sopa?

– Isso mesmo, mas não irei atrasá-la, filha?

– Não... É caminho para a clínica. Estou vindo do hospital. O senhor está bem?

– Estou, filha. Ainda com muita saudade de sua mãe, mas a vida não pode parar.

– Mamãe deve estar muito feliz com o trabalho da sopa.

– Tenho certeza disso, filha. Era o seu sonho.

– E o senhor o está realizando.

– Todos nós, Lilian.

– Onde irá almoçar hoje, pai?

– A Lucineide tem ido buscar comida no restaurante da dona Lourdes.

– Lucineide é muito dedicada, não? Há quanto tempo, ela é empregada em sua casa, papai? Eu havia acabado de me formar quando ela começou a trabalhar lá.

– Deve estar com mais de vinte anos.

– Pobre Lucineide. Sentiu tanto a morte da mamãe.

– E ainda sente. Já a vi chorando enquanto trabalha. Tenho procurado conversar bastante com ela, falar-lhe sobre a vida, que a morte não existe, que um dia ainda nos reencontraremos, e ela parece estar aceitando melhor. Já começou até a cantarolar quando está passando roupa.

Lilian sorriu ao lembrar-se da expansividade da empregada doméstica, na verdade, considerada como uma pessoa da família.

Alguns minutos depois...

– Pronto, papai, chegamos. Veja, o Alfredo está lá nos fundos da construção.

– Obrigado pela carona, Lilian. Diga ao Mário e ao Diogo que lhes envio o meu abraço.

– Direi sim, pai. Apareça lá em casa.

– Neste final de semana, passarei por lá.

E Tales desceu do carro.

– Bom dia, Tales! – cumprimentou o dono de uma loja, localizada defronte da construção, do outro lado da rua.

– Bom dia, Esteves. Como vai o coração?

– Depois da cirurgia, ficou novo, Tales.

– Certamente, está melhor do que o meu.

– Pelo menos, está remendado – respondeu o comerciante, rindo alto. – E o Dr. Mário, seu genro, não economizou remendos.

– Um bom dia e bons negócios, meu amigo – disse Tales, sorrindo, e entrou na construção para falar com Alfredo.

– Quem era, Esteves? – perguntou Judite, sua esposa, chegando naquele instante, dos fundos da loja.

– Era o Tales.

– Um bom homem, não? Desde que o conheço, nunca o vi reclamar de nada, sempre sorrindo e com uma palavra amiga.

– É verdade, Judite. Uma boa pessoa, sempre com uma palavra fraterna e sensata.

– Você também é um bom homem, querido.

– Sabe, Judite, aprendi muito com esse meu amigo.

Capítulo 6

E ASSIM QUE O MÉDICO e a enfermeira se retiraram, Nelly, ainda ansiosa, perguntou:

– E, então, minha amiga, como estão meus familiares?

– Vamos começar pelos seus netos. Todos estão bem. Logicamente, sentem sua falta, mas são jovens e possuem tantas ocupações que, não os leve a mal, estão se acostumando.

– Eu sei disso, Irmã, e fico contente com isso. E meus filhos?

– Carlos, Alfredo e Lilian estão bem e, apesar da grande saudade que sentem da mãe tão carinhosa, compreensiva que sempre foi, e conselheira de todos, sentem-se calmos, pois sabem que você deverá estar muito bem aqui neste plano, tendo em vista o conhecimento que detinha e que detém sobre a vida e, principalmente, pelos trabalhos caridosos que desenvolvia. O que mais os preocupa no momento é Tales.

– Meu marido não está bem?

– Está, mas sente muito a sua falta.

– Pobre Tales... – murmurou Nelly, tristemente.

– Mas você não deve se preocupar tanto, pois assim como seus filhos, ele também a imagina como alguém que está sabendo lidar com toda esta mudança e confia muito em Deus e nos Espíritos.

– Ele está muito triste, Irmã?

– Como um apaixonado que sempre foi – respondeu, sorrindo –, mas, como lhe disse, não se encontra desesperado. Apenas com muita saudade, o que é perfeitamente natural, não? De qualquer forma, possui a certeza de que, um dia, a encontrará novamente.

– E o que ele tem feito?

– Bem, ainda não foi trabalhar, até porque seus filhos lhe pediram para que se distraísse um pouco.

– Mas o trabalho é a sua maior distração.

– Eu disse que não foi trabalhar na loja, mas tem desenvolvido uma boa atividade.

– Uma boa atividade? E qual?

– Bem... Em seu nome, Nelly, ele e outros cooperadores estão realizando a distribuição de sopa aos catadores de recicláveis e às famílias pobres, debaixo das marquises do depósito de ferro-velho.

– Em meu nome? Por quê?

– Porque essa ideia era sua, e ele, então, procurou entusiasmar os frequentadores do Centro Espírita para que a colocassem em prática. E Tales liderou todo o projeto. Não havia sido uma ideia sua?

– Sim, Irmã. Era um trabalho que eu havia visto numa outra cidade e que me entusiasmara muito. Levei esse projeto ao Centro, e muitos também sentiram vontade de realizar, mas as dificuldades eram muitas... Mas, diga-me, como isso está funcionando?

– Bem, todas as tardes, uma equipe prepara a sopa, bem substanciosa, com carne, legumes...

– Tales faz parte dessa equipe?

– Faz. Ele se encarrega da compra e da coleta de donativos, e uma equipe de senhoras prepara a sopa, que é colocada numa caminhonete, dessas com baú. E também distribuem pão. E o mais importante é que os espíritas não realizam esse trabalho sozinhos. Pessoas que professam outra religião têm colaborado, em muito, com esse trabalho assistencial.

– Isso é muito importante. Mas você falou em caminhonete...

– Sim, Tales comprou uma só para essa finalidade, tanto que ela fica estacionada no Centro, e ele ainda mandou pintar nela uma frase do Espírito Emmanuel, psicografada por Chico Xavier.

– Uma frase? Que frase, Irmã?

– *O exercício do amor verdadeiro não pode cansar o coração.*

– Não acredito... Meu Tales... E para beber, Irmã?

– Eles levam água em pequenas garrafas, também na caminhonete.

– Numa caminhonete... Que o Tales comprou...

– E quem paga toda essa despesa?

– Uma parte, ele e seus filhos. Outra parte, através de doações.

Grande emoção tomou conta do coração de Nelly, que sorria com lágrimas nos olhos.

– E sabe o que ele mandou pintar no para-choque dianteiro do veículo? – perguntou, sorrindo, a Irmã.

– Não faço a menor ideia.

– O seu nome, Nelly.

– O meu nome?!

– Não acredito... Eu não mereço... Só o Tales mesmo... E eles fazem isso todos os dias?

– Fazem. Tales, três vezes por semana. Na verdade, são

equipes que se revezam. Jovens, adultos, velhos e até crianças, com os pais. E, nesta época do ano, irão distribuir cobertores também.

– Há muitos desabrigados, não, Irmã?

– Não somente desabrigados como também andarilhos que vivem pelas estradas.

– A ideia inicial era a de distribuir no Centro Espírita como muitos fazem, mas a maioria dos necessitados costuma passar a noite na periferia da cidade.

– Eu sei, Nelly. Eles se aglomeram debaixo das marquises dos depósitos de ferro-velho. Na verdade, durante o dia, catam papelão, latas e plásticos para venderem lá.

– Isso mesmo, e é um pouco afastado da área central da cidade, onde se localiza nossa instituição espírita. E Tales? Está entusiasmado com esse trabalho?

– É todo entusiasmo, pois é um bom homem e sempre disposto a ajudar os necessitados.

– Isso é verdade, Irmã Lúcia. Mas, por favor, conte-me mais.

A religiosa sorriu, diante da curiosidade da amiga, e continuou:

– Sabe, Nelly, da última vez em que lá estive, eu o vi falando sobre Jesus para um dos andarilhos.

– Sobre Jesus? E o que ele dizia?

– Ele falava sobre o que pregava Cristo com referência à humildade, a necessidade de sermos brandos e pacíficos e que não devemos nunca nos revoltar contra a vida que levamos, contra os nossos problemas que, certamente, foram causados por nós mesmos, nesta ou em outra vida, sobre as leis de causa e efeito, que não somos nunca castigados por Deus e que tudo o que possa nos ocorrer são apenas chances que Deus nos oferece para aprendermos com as diversas situações da vida e, muitas vezes, para experimentarmos o sofrimento que o nosso veneno do passado ocasionou para muitos irmãos. E de uma forma bastante convincente, com exemplos, e tudo o mais.

– E quanto à saudade que sente por mim, Irmã? Você ouviu ele falar alguma coisa? Não que eu queira que ele sofra por minha causa, com minha ausência, mas apenas para saber como ele se encontra.

– Tenho percebido uma grande tristeza, sim, Nelly, mas é certo que, com o tempo, ele irá melhorar e passará a pensar em você com muita alegria no coração, relembrando os bons momentos que viveram juntos.

Nelly não conseguiu conter mais algumas lágrimas e abraçou a amiga.

Capítulo 7

DIAS SE PASSARAM, E Nelly já percorria, como observadora, alguns quartos da clínica com Irmã Lúcia.

Era noite...

Aproximaram-se, então, de uma cama onde se encontrava uma senhora, dormindo, com o semblante bastante austero, e sem mexer um só músculo do corpo.

Irmã Lúcia apanhou um prontuário, de uma prancheta presa na grade inferior do leito, e mostrou-o a Nelly, lendo em voz baixa:

Senhora Maria Tereza, 55 anos de idade, solteira, muito católica, observadora dos preceitos religiosos, acentuadamente rígida com os atos alheios e formadora de opinião sobre os mesmos, junto à comunidade feminina com a qual se relacionava.

Nelly olhou para a Irmã e, antes que emitisse sua opinião, esta, com fraternal sorriso nos lábios, parecendo ler seus pensamentos, disse-lhe:

– Não devemos julgar ninguém, Nelly, senão, estaremos também olvidando da trave de nosso olho.

A amiga sorriu e mostrou seu entendimento, dizendo:

– Entendi, Irmã. Como nos recomendou Jesus quando perguntou: *Por que vedes um argueiro no olho do vosso irmão, vós que não vedes uma trave no vosso olho?* Não é mesmo?

– Pois é isso. Não vamos julgar esta nossa irmã sem antes sabermos o verdadeiro motivo de ela ser assim, tão julgadora e acusadora para com os defeitos alheios.

– E o que ela tem?

Irmã Lúcia leu mentalmente o restante da ficha avaliadora e respondeu:

– Pelo que estou constatando, Maria Tereza recusa-se a aceitar que, após a morte de seu corpo físico, encontra-se aqui nesta clínica de recuperação e não no Céu, no Paraíso que sempre acreditou ser seu destino, haja vista toda a sua dedicação, mais precisamente à igreja da cidade.

– Compreendo... E isso ocorre com muitos, mesmo com aqueles que até já sejam conhecedores do que ocorre após a morte do corpo. Já ouvi muitos diálogos de doutrinadores, em reuniões mediúnicas, com Espíritos que seguiam a religião espírita, desesperados e, mesmo, revoltados, porque, após desencarnarem, não foram acolhidos com pompas e honrarias, como se o simples conhecimento da Doutrina dos Espíritos fosse um ingresso certo num plano mais elevado da verdadeira vida.

– Isso é muito comum, Nelly. Por vezes, as pessoas, pelo simples fato de seguirem uma religião, estudarem sobre ela e, por vezes, serem líderes, pelo conhecimento que dela possuem, acham-se na situação de um eleito quando, na verdade, apenas ser verdadeiramente cristão é o que traz mérito e reconhecimento, independentemente da religião que professem ou sigam.

– Sempre acreditei que a religião é muito importante porque ela nos direciona o caminho para sermos cristãos.

– E o que devemos fazer com essa senhora?

– Vamos acordá-la, pois já está mais do que na hora de ela raciocinar um pouco sobre a vida, sob um outro ponto de vista.

– Ela era moradora de nossa cidade?

– Sim, e esse é um dos motivos pelo qual fui designada a conversar com ela.

– Será o nosso próximo trabalho?

– Isso mesmo. O Doutor Mendonça nos incumbiu dessa tarefa.

– Incumbiu-nos? Irmã, não me vejo em condições de desempenhar esse trabalho. E devo dizer que me satisfaço muito bem em acompanhar o serviço de recepcionar os que para cá são trazidos, e com a limpeza da clínica.

– Você tem condições de fazer mais, Nelly, até porque já possui experiência em dialogar com os Espíritos nas sessões mediúnicas que participava na Terra.

– Sei disso, mas lá eu tinha a assistência mediúnica dos Espíritos mais elevados...

– E aqui não será diferente. Todo nosso trabalho possui uma boa porcentagem de inspiração por parte dessas mesmas entidades espirituais.

– Sei... Mas... Se não se importa, gostaria de iniciar essa nova experiência apenas como observadora, ou seja, prefiro que você dialogue com ela.

– Tudo bem, Nelly, mas não se preocupe tanto. Logo, verá que quando colocamos amor no que fazemos, tudo fica fácil. Você verá. De qualquer forma, mantenha seu pensamento em prece, emitindo vibrações de muito amor em benefício desta nossa irmã. Vou despertá-la.

E, após sincera prece proferida, a Irmã deu início ao despertar de Maria Tereza, ministrando-lhe passes magnéticos no intuito de estimulá-la a voltar do mundo dos sonhos e iniciar uma conversação, o que acabou ocorrendo depois de alguns minutos.

O despertar foi repentino e, com os olhos bem abertos, a mulher, enfim, desabafou, exclamando:

– Irmã Lúcia?! O que faz aqui?! Meu Deus! O que está acontecendo?! A senhora deveria estar no Paraíso! Penso que eu também!

– Tenha calma, Tereza, pois a vida não dá saltos. Na verdade, quem somos nós para sequer imaginarmos que já estaríamos no Céu?

– Mas, como?! Se não somos pecadoras... E sempre nos dedicamos à Igreja... Muito mais a senhora, que entregou sua vida a Jesus, tornando-se uma religiosa...!

– Isso não significa muito, Tereza, porque ainda não aprendemos todo o necessário para uma recompensa tão grande. Penso que seria muita pretensão de nossa parte, acharmo-nos com mérito para, como pensávamos, nos encontrarmos com Deus, nosso Pai e Criador.

– Mas... Sempre aprendi dessa maneira...

– É que aprendemos uma lição idealizada pelos homens.

– Mas Jesus não ensinou que, se fôssemos bons e não pecássemos, iríamos para o Céu, lugar de felicidade eterna?

– Sim.

– Então...?

– Se fôssemos bons, Tereza...

– E a senhora? Não foi boa e sem pecados? E não serviu a Jesus?

Irmã Lúcia sorriu e, apanhando as mãos da mulher entre as suas, disse-lhe:

– Nem sempre ou muito pouco, minha irmã.

– Não estou compreendendo.

– Vou ser um pouco mais explícita, Tereza. Você, com certeza, conhece as passagens do Evangelho, não?

– Conheço, sim, Irmã.

– Eu também, e há uma, em especial, em forma de parábola, na qual Jesus condiciona, explicitamente, o que é necessário para a entrada nos Céus. Você se lembra?

A senhora permaneceu em silêncio, mirando a Irmã, com muito interesse e, ao mesmo tempo, imaginando qual seria a resposta, até que a religiosa continuou, respondendo à própria pergunta:

– (...) *Vinde, vós que fostes benditos por meu Pai, possuí o reino que vos foi preparado desde o início do mundo; porque eu tive fome e me destes de comer; tive sede e me destes de beber; tive necessidade de alojamento e me alojastes; estive nu e me vestistes; estive doente e me visitastes; estive na prisão e viestes me ver.* (...) Você se lembra?

– Lembro-me – respondeu a mulher, com os olhos começando a lacrimejar.

– E daí, completou, quando os homens justos lhe perguntaram quando isso havia acontecido: (...) *Eu vos digo em verdade, quantas vezes o fizestes com relação a um destes mais pequenos de meus irmãos, foi a mim mesmo que o fizestes.* (...)

– Bem, Irmã, digamos que eu pouco fiz, mas... E a senhora?

– Estou muito longe de ter feito isso, Tereza. Pelo menos, não o suficiente, porque ainda tenho muito a aprender, e muitos erros a erradicar de mim mesma.

– Erros, Irmã?

– Sim, Tereza. Há alguns anos, interessei-me por uma doutrina religiosa, na qual os Espíritos ensinavam que...

– Espíritos?! A senhora, por acaso, acredita na existência de Espíritos?! Não posso crer...

– Qual o espanto, minha amiga? Porventura, o que imagina que nós somos, eu e você?

– Somos almas, Irmã.

– Não consegue compreender, Tereza, que são apenas maneiras de se denominar a mesma coisa? Nosso corpo físico, que envergávamos na Terra, sucumbiu, morreu, e cá estamos nós, neste local, tenhamos o nome de almas ou Espíritos. É tudo a mesma coisa.

– Continue, Irmã...

Irmã Lúcia acariciou as mãos de Tereza, que ainda se encontravam entre as suas, endereçou-lhe caridoso sorriso e continuou:

– Nessa doutrina... espírita, sim... encontrei uma mensagem de um Espírito de grande elevação moral que, respondendo a uma pergunta a ele formulada, simplificou muito bem essa parábola de Jesus.

– E que pergunta foi essa?

– Haviam perguntado a ele se bastava não fazer o mal para ser agradável a Deus e assegurar sua posição futura, ou seja, a de merecer o Reino dos Céus.

– E o que ele respondeu, Irmã?

– Ele disse que não.

– Não? Mas não fazer o mal já não é uma grande virtude aos olhos de Deus?

– Não, Tereza. O Espírito disse que seria preciso fazer

o bem no limite de nossas forças, porque cada um responderia por todo o mal que resultasse do bem que não houvesse feito.

– E a senhora acha que não fez tudo o que deveria ter feito, Irmã? Que ainda não aprendeu tudo o que deveria ter aprendido? Porque se me responder que não, só poderei dizer-lhe que eu, menos ainda.

– Minha Tereza, estou muito longe disso. O que posso lhe dizer é que, pelo menos, aprendi a não cometer grandes males porque procurei não cometer o que aprendi ser um pecado.

Mas tenho consciência de não ter feito tudo o que estava ao meu alcance, em benefício do próximo, como Jesus nos recomendara.

De qualquer forma, penso ter galgado um pequenino degrau evolutivo nessa encarnação.

– Encarnação?!

– Isso mesmo. Encarnação é como é denominada cada nova vida que temos de viver. Antiquíssimas religiões já acreditavam nisso.

– Diversas vidas?!

– Sim, Tereza, eu aprendi que, se vivêssemos somente uma única vida na Terra, não teríamos a possibilidade de aprender tudo. Ou você acha que, com uma idade média de sessenta, setenta, oitenta, ou mais anos, o homem teria condições de ir para um Paraíso, um Céu ou mesmo, como dizem, encontrar-se com Deus?

– A senhora acredita, de verdade, nisso?

– Acredito, sim, e é tudo muito simples. Você acha que teríamos condições de, numa única existência, passar por todas as experiências necessárias? Passar por todas as provas, como a da pobreza extrema, dos defeitos físicos, das doenças incuráveis e, por vezes, com muita dor, das injustiças dos homens, das provas do perdão, que Jesus tanto nos recomendou, das tentações advindas do orgulho, da vaidade, do egoísmo, da ganância, da tirania, da inveja, do ciúme, e tantas mais que existem para nos envolver com suas envolventes teias?

– Pensando bem, a senhora tem razão... Mas, e tudo o que aprendemos? Perdemos tempo, principalmente a senhora, quando nos dedicamos à religião que escolhemos seguir?

– Não, minha irmã. Na verdade, penso que tudo de bom que aprendemos não se perde com o passar do tempo. Muitas vezes, erramos tanto em nossa caminhada por todas as vidas que já vivemos, cometemos tantos desatinos, que teríamos, primeiro, que percorrer caminhos mais suaves, através de religiões, a fim de irmos nos preparando para a grande verdade.

Uma verdade lógica e raciocinada que, talvez, se nos tivesse sido revelada há tempos, não teríamos, naquela ocasião, condições de compreender.

– Meu Deus, Irmã Lúcia! Estou surpresa com suas palavras, apesar de estar percebendo, através delas, uma explicação tão simples e clara, que chego a me impressionar. Mas de que adianta vivermos tantas vidas se não nos lembramos delas?

– Mais uma prova da misericórdia de Deus, que nos brinda com o bendito esquecimento, pois imagine como seria impossível viver junto a outras pessoas se nos lembrássemos do que elas nos fizeram de mal no passado ou, pior ainda, de elas terem conhecimento do que causamos a elas.

– A senhora tem razão, mas e o que aprendemos de bom? Como colocarmos em prática esses conhecimentos, se não nos lembramos?

Nelly estava atônita com a maneira fácil com que Irmã Lúcia expunha os preceitos do pensamento espírita e, principalmente, com a facilidade com que Maria Tereza compreendia cada ponto explanado e parecia aceitá-los.

– Não nos lembramos dos fatos, porém, a essência

permanece em nós, inclusive através de nosso próprio raciocínio. É por isso que a Doutrina Espírita não é uma religião imposta, mas sim raciocinada e lógica. Ela sempre propõe que o Espírito pense, raciocine e tire as suas próprias conclusões.

– E seremos castigados pelo mal que cometemos no passado, num processo de "olho por olho, dente por dente"? – perguntou, um pouco apreensiva.

– Castigados, não, pois Deus seria incapaz de castigar um só de Seus filhos. Ele apenas nos oferece, através das leis da vida, oportunidades de aprendizado.

– E o Céu e o inferno não existem?

– Não como imaginávamos, tendo em vista que Deus não nos criaria para, ao Seu bel-prazer, impingir-nos sofrimentos ou escolher, aleatoriamente, os que, dentre nós, teriam oportunidades maiores ou menores de irem para um Céu ou um inferno.

– Como assim, Irmã Lúcia?

– Vou lhe dar um exemplo bem prático.

Vamos imaginar duas almas que foram para o Céu, mas que tiveram vidas diferentes, ou seja, uma sofreu muito quando na carne, e a outra pouco sofreu.

Não seria uma injustiça de Deus? De que maneira isso

teria sido decidido antes do nascimento dessas duas criaturas?

E não seria uma injustiça maior ainda se acreditássemos na existência de um inferno de sofrimento eterno, e que Deus, nosso Pai, poderia dar essa destinação a um pecador que tivesse morrido na idade madura, comparando-o com um bebê que tivesse morrido em tenra idade, sem ter tido a oportunidade de demonstrar que, se tivesse vivido até a idade daquele outro, não teria arcado com o mesmo destino? Será que ele venceria todas as tentações, deixando de cometer todos os erros que foram cometidos pelo pecador?

Por que esse bebê teve essa felicidade e o homem maduro não?

Facilmente, podemos chegar à conclusão de que a vida não poderia ser dessa maneira, simplesmente porque Deus, nosso criador, não brincaria com as alegrias e tristezas de Seus filhos, e de maneira tão injusta ou aleatória.

– Eu nunca havia imaginado isso, Irmã Lúcia...

– Diante dessas considerações, Tereza, você pode começar a raciocinar em cima de outros pensamentos religiosos que se tornaram estanques e que fazem parte da ideia que fazemos da vida além da morte, e chegar a outras conclusões.

– Nem sei o que dizer, Irmã. Estou pasma com essas revelações, essa maneira de ver tudo isso. E eu aqui, revoltada por não estar sendo tratada como acreditava que deveria, simplesmente pelo fato de...

E a mulher não conseguiu conter as lágrimas que lhe emergiam dos olhos num misto de alegria por tudo que passara a conhecer e a reconhecer, e de uma grande dose de arrependimento sincero pelo que, em seu íntimo, até aquele momento, exigira de Deus, dos santos e dos anjos, numa indisfarçável revolta, consequência da ignorância e da prepotência.

– Pelo fato de...? – perguntou a religiosa.

Tereza olhou para a Irmã, com visível olhar de humildade, e respondeu, com a voz baixa e entrecortada por soluços:

– Simplesmente, pelo fato de crer-me santificada e herdeira dos Céus apenas por ter desfilado longas orações, novenas intermináveis e decoradas, num jorro de palavras sem sentimentos, enquanto meus olhos perscrutavam todos os presentes na casa de orações, na intenção malévola de reconhecer quaisquer deslizes por parte de quem, muitas vezes, lá se encontrava a orar com o coração oprimido e sofrido, rogando auxílio a Deus, a Jesus, ou a algum santo de sua predileção. Quero saber mais sobre esta verdadeira vida, Irmã Lúcia.

– Penso que já deva se encontrar demasiadamente cansada, Tereza, e peço-lhe que procure descansar um pouco. Amanhã, retornaremos, eu e Nelly, para, juntamente com você, raciocinarmos, sem preconceitos, sobre outros pontos importantes, a fim de que se reequilibre e passe a percorrer um caminho de paz.

– Não sei se irei conseguir dormir, Irmã, por isso gostaria que me apresentasse algum assunto para que eu pudesse, pelo menos, tentar raciocinar sobre uma outra forma mais simples de entendê-lo.

– Você tem alguma ideia, Nelly? – perguntou Irmã Lúcia à amiga que, até aquele momento, mantivera-se em silêncio, interessada apenas em ouvi-la, interesse facilmente perceptível em seu olhar.

– Bem... Surgiu-me uma ideia bastante interessante para Maria Tereza começar a se interessar e procurar uma resposta.

– E qual seria, minha amiga?

– Tereza, na verdade, você poderia tentar raciocinar sobre duas questões. Primeira questão: como seria a vida de uma pessoa, de uma mãe, por exemplo, que estivesse vivendo num Paraíso, se soubesse que o filho, por sua vez, encontrava-se padecendo no inferno, local de sofrimentos? Ela conseguiria ser feliz nesse Paraíso? E, segunda questão: como Deus seria capaz de condenar uma criatura a padecer num inferno eterno, se nem um pai terreno, que ama o filho, seria capaz de fazer isso?

Maria Tereza olhou alternadamente para as duas mulheres à sua frente e disse:

– Não sei se irei conseguir, mas prometo pensar bastante sobre isso. E vocês devem ter a resposta para essas difíceis perguntas, não?

– Temos, Tereza – respondeu Irmã Lúcia –, e pode ter certeza de que ela é muito simples, assim como deve ser o seu raciocínio a respeito delas.

Dizendo isso, a mulher puxou as mãos da Irmã para si e as beijou, bem como as de Nelly, mostrando o quanto se encontrava agradecida por aquele diálogo e pelos esclarecimentos que recebera.

Nelly e Irmã Lúcia também oscularam as mãos da paciente e despediram-se.

– Amanhã, voltaremos, Maria Tereza.

***

– Irmã Lúcia, você foi brilhante!

– Foram esses conceitos e pensamentos, oriundos de um raciocínio simples e lógico, que fizeram com que eu me interessasse em saber mais sobre a vida após a morte do corpo.

– Recordo-me de ter lido um livro que falava sobre essas coisas. Inclusive, falava sobre a existência de Deus, numa maneira tão esclarecedora que penso, que mesmo o mais persistente ateu começaria a repensar seus conceitos.

– Pois deve ter sido esse o livro que um dia, por acaso, li e comecei a pensar de outra maneira.

– Gostaria também de fazer-lhe uma pergunta, Irmã.

– Faça, Nelly.

– Tenho percebido que a senhora tem procurado auxiliar mais as pessoas que se encontram ainda presas a esses pensamentos religiosos.

– Realmente, tenho sido convocada a consolar essas criaturas, até porque é bem mais fácil, por força do hábito, e estou me referindo a estas vestes com que me apresento, conquistar maior confiança e credibilidade por parte delas. Há também muitos padres que já abraçaram esse trabalho.

– Também acredito haver uma certa facilidade.

– E quanto ao assunto que propôs a Tereza, para que pensasse, raciocinasse? Você poderia expô-lo a ela?

– Esse livro que li tratava muito bem dessa questão e penso que... Ei, a senhora não está pensando em fazer-me falar sobre isso?

– E por que não? Penso que está na hora de você começar esse trabalho.

– Mas... Eu não sei se serei capaz de dar conta...

– Não se preocupe, Nelly. Pelo menos, tente.

– Você estará comigo, não?

– Estarei sim, minha amiga. Se for necessário, eu a ajudarei. E não sei por que todo esse temor, afinal de contas, você travou muitos diálogos nesse sentido no Centro Espírita. Será da mesma forma.

– Bem... Vou tentar...

– Vai conseguir, tenho certeza, Nelly.

E as duas amigas saíram da clínica e começaram a percorrer o jardim, rumo às acomodações próximas dali. Irmã Lúcia e Nelly habitavam o mesmo quarto, cozinha e banheiro. Eram construções geminadas a outras tantas, moradia dos muitos trabalhadores daquele serviço de recuperação e esclarecimento.

Eram habitações simples, mas muito funcionais. Cada uma delas possuía quarto com duas camas, dois criados-mudos e um guarda-roupa duplo. Banheiro simples, com chuveiro, e cozinha, com mesa, cadeiras, e demais acessórios necessários.

A freira preparou ligeira refeição para as duas e, após alimentarem-se, sentaram-se, cada uma numa cama, a fim de fazerem suas preces noturnas. Terminadas as preces, Nelly perguntou à Irmã:

– Irmã Lúcia, estou sentindo muita saudade de meu marido e dos meus filhos e netos. Quando acha que poderei visitá-los?

– Para isso, ainda terá de ter um pouco de paciência, apesar de que... talvez... se tudo ocorrer como se espera, poderá ter uma bela surpresa.

– Surpresa? E que surpresa seria essa, Irmã?

– Se eu lhe disser, não será mais uma surpresa, Nelly – respondeu a Irmã, sorrindo. – De qualquer maneira, mantenha-se acordada. Talvez, alguém venha buscá-la para um encontro.

– Um encontro? Com Tales, irmã?!

Capítulo 8

NESSE MESMO MOMENTO, Tales acabara de chegar da distribuição de alimentos aos necessitados, estacionando a caminhonete na pequena garagem que havia no Centro Espírita, não muito longe de sua casa.

Deixou a chave num lugar previamente combinado com aqueles que, em outros dias da semana, utilizavam-na para o mesmo fim e caminhou, sem pressa, para sua residência.

Após a higiene pessoal, deitou-se para dormir, ficando a pensar em Nelly, sentindo muita saudade, somada à necessidade que tinha de com ela conversar, principalmente nessa noite em que gostaria de contar-lhe sobre os avanços do trabalho assistencial, imaginando que, se sua esposa ainda estivesse encarnada, teria-lhe acompanhado nessa tarefa.

Já fazia mais de três meses que ela havia falecido, e Tales ainda não havia conseguido superar essa separação, apesar dos conhecimentos que possuía e que era o que, de certa forma, consolava-o, sabedor de que a vida era eterna e de que a morte não os separara, a não ser temporariamente. Tinha absoluta certeza de que, mais cedo ou mais tarde, quando também partisse, iria se encontrar com a amada esposa.

Mas, naquela noite, a saudade apertara em demasia e fez sentida prece, rogando a Deus que, na emancipação da alma, fenômeno em que o Espírito se desprende do corpo, durante o sono, pudesse, de alguma forma, encontrar-se com ela.

E sua prece era nesse sentido, pois sabia que muitos Espíritos, ao se desprenderem, durante o sono, ligados ao corpo apenas por um cordão fluídico, muitas vezes permaneciam adormecidos a pouca distância, sem seguir adiante. Que alguns poderiam ser atraídos por outros Espíritos afins, de acordo com suas predileções, sendo que uns, em busca de aprendizado, frequentando reuniões de esclarecimento no bem ou procurando atividades nas quais poderiam ser úteis ao próximo, sejam a encarnados ou a desencarnados, e que outros, atendendo a apelos mais inferiores, procurariam frequentar locais de viciações e prazeres.

E não era raro que se encontrassem com parentes ou amigos que já desencarnaram e, com eles, passassem a ter contatos, muitas vezes bastante benéficos se moldados pelo amor verdadeiro.

E era isso o que desejava: encontrar-se com Nelly.

E assim, orando, acabou por adormecer, não demorando muito para que se desprendesse do corpo e, qual não foi sua surpresa quando viu, à sua frente, os Espíritos, já desencarnados, Paulo e Norma, que, quando na carne, eram muito amigos dele e da esposa.

Paulo e Norma haviam desencarnado há alguns anos, e agora, desprendido do corpo físico, Tales não se lembrava de nenhuma vez que os tivesse encontrado no além, durante o sono. Isso porque, um Espírito, quando se emancipa do corpo, consegue recordar do que lhe aconteceu em outras ocasiões em que estivera nessa situação, durante o sono. Junto ao casal, encontrava-se uma outra entidade espiritual, de nome Durvalino, que os acompanhava.

Após os abraços saudosos entre os amigos, Durvalino foi apresentado a Tales como um dos mentores de uma equipe de trabalho, à qual eles pertenciam.

Paulo e Norma, quando na carne, trabalhavam em campanhas assistenciais, de que Tales e Nelly também participavam.

– Não me lembro de tê-los encontrado desde que partiram – comentou Tales, o que foi confirmado pelos amigos.

– Mas o que os traz até mim? Notícias de Nelly?

– Sim.

– Vocês já a viram? Ela está bem?

– Está tranquila, apenas com muita saudade de você, dos filhos e netos.

– Posso imaginar...

– Mas você não deve se preocupar muito, pois sabemos que ela já se encontra trabalhando numa clínica de recuperação e esclarecimento, em uma colônia espiritual.

– Pois fico muito feliz com isso.

– Ela começou a trabalhar com Irmã Lúcia. Você a conheceu?

– Irmã Lúcia era muito amiga de Nelly e, sempre que possível, trabalhavam juntas, angariando fundos para alguma campanha assistencial. Mas você disse que Nelly encontra-se trabalhando com ela?

– E qual a surpresa, Tales? Apesar de não ter participado de nenhum trabalho espírita quando encarnada, muito tem trabalhado no esclarecimento de Espíritos que lá vão ter, independentemente de sua religião.

– Certo... Mas ainda não me disseram o que os trouxe aqui. Não deve ter sido apenas para informar-me de que Nelly se encontra saudosa.

– Realmente não, Tales. Viemos buscá-lo para um pequeno passeio.

– Passeio? Será que estão querendo me comunicar que morri e que vieram me buscar?

Paulo e Norma riram.

– Não, Tales, ainda não chegou a sua hora. Viemos buscá-lo, sim, para que nos acompanhe até um encontro.

– Encontro?! Não me digam que irei ver a minha esposa!

– Você não quer? – perguntou Paulo, em tom de brincadeira.

– É lógico que eu quero! É o que mais desejo!

– Então, não percamos tempo – disse Paulo que, juntamente com Norma, ladeou Tales e, segurando-o, cada um por um braço, elevaram-no do solo como se fosse uma simples pluma.

A partir desse momento, Tales, com enorme alegria, viu-se transportado através de um túnel, ligeiramente ascendente, em suave, mas rápida viagem, através de um espaço que não soube mensurar, muito menos avaliar, somente conseguindo perceber que se encontrava rodeado de luzes que iam mudando de coloração conforme prosseguiam à frente.

Lembrava-se de que já havia saído do corpo, por diversas vezes, durante o sono, mas nunca lhe acontecera dessa maneira tão fantástica. Recordava-se de que sempre que isso acontecia, simplesmente saía de casa e acabava por encontrar-se com diversos grupos de Espíritos, alguns desencarnados, outros ainda encarnados e que, dependendo da maneira como haviam vivido aquele dia e, principalmente, a noite, a afinidade com os que encontrava variava de acordo com essa sua predisposição. E que, nesses instantes, lembrava-se de que deveria orar com mais propriedade antes de dormir, rogando a Deus que o auxiliasse, acalmando o seu coração a fim de que essa sua estada, durante a emancipação do Espírito, fosse a mais proveitosa possível.

E lembrava-se também de que, na maioria das vezes, acabava se esquecendo desse detalhe durante a prece, muitas vezes, realizando-a de forma decorada e ligeira, vencido que se encontrava pelo cansaço físico.

"Para onde estarei indo?" – pensava Tales, porém, muito confiante nos amigos e extremamente feliz, pois iria encontrar-se com Nelly. E parecia renovar-se e, até mesmo, rejuvenescer a cada segundo que transcorria, durante aquela inusitada "viagem".

Mais alguns poucos segundos, e pareceram sair daquele túnel iluminado, firmando os pés num bem cuidado gramado. Na verdade, um jardim muito bonito e facilmente visualizado, pois apesar de ser noite, a Lua, bem mais brilhante do que a que se via na Terra, iluminava-o com muito mais luminosidade, auxiliada por refletores, estrategicamente instalados por detrás de arbustos. Muitas flores, diferentes das que conhecia, de variados matizes, refletiam essa iluminação, de tal forma, que pareciam delas partir raios multicoloridos, enquanto ruídos amenos, tais como silvos, sibilos, trinados e gorjeios davam singular sonoridade ao ambiente, tornando o lugar mais tranquilo e de paz que Tales já havia estado.

– Pronto, meu amigo – disse Paulo, interrompendo seu devaneio e trazendo-o à realidade. – Chegamos.

– E Nelly?

– Ela logo estará aqui. Eu e Norma vamos nos ausentar para dar-lhes a intimidade que merecem. Dentro de pouco tempo, viremos buscá-lo.

E, quase que instantaneamente, afastaram-se, desaparecendo por entre as diversas árvores que ali se encontravam em profusão.

O homem, então, girou o olhar para a esquerda e, antes que o retornasse completamente para o local de origem, ouviu conhecida voz a envolver-lhe todo o ser como se o abraçasse a sonoridade, e incontida alegria tomou-lhe o coração.

– Tales...

Girou o corpo um pouco mais para a direita e viu Nelly a fitá-lo, com largo sorriso a estampar-se na face. Não conseguiu de pronto articular nenhuma palavra, embevecido que se encontrava em ver a mulher amada, mais linda do que nunca. Os traços de seu rosto, característicos da idade, encontravam-se amenizados, sulcos e rugas abrandados e a pele com textura lisa, suave e sem nódoas. Realmente, parecia ter encontrado, naquele local, a fonte da juventude, porém, de forma atenuada, ainda a lembrar perfeitamente aquela que partira há poucos meses.

– Nelly... – respondeu, enfim.

– Está com medo, Tales? Não sou nenhum fantasma – brincou a esposa. – Eles não existem. O que existe, isto sim, são os maridos que dizem amar suas esposas, e que, depois que elas morrem, hesitam em correr para abraçá-las – brincou a mulher, rindo do pasmo que se firmara no semblante do marido.

Tales, então, dirigiu-se a ela, com rápidas passadas, e a abraçou, cobrindo sua face com beijos, até seus lábios se tocarem. Nelly correspondeu rapidamente ao arroubo do marido e o levou até um banco, onde sentaram-se, meio de lado, mas ainda de frente um para o outro, com Tales segurando delicadamente suas mãos e não se cansando de beijá-las.

– Quanta saudade, Nelly.

– Eu também, Tales. E agradeço a Deus por este momento. E nossos filhos, Tales? Estão bem? – perguntou, beijando também as mãos do marido e aconchegando-se mais a ele, que a enlaçou pelos ombros, acariciando os seus cabelos. – Sei que, para você, estes instantes deveriam ser somente nossos, mas meu coração de mãe fala mais alto.

– Eu a compreendo, querida. Sei que sua saudade é maior ainda, pois apartou-se de mais entes queridos que cada um de nós. Eles estão bem, sim. É certo que se encontram saudosos, mas devemos admitir que cada um tem, agora, a sua própria família, sua própria vida e, com certeza, mais afazeres a lhes ocuparem o tempo. Nada mudou com eles. Continuam maravilhosos e nunca deixam de falar sobre você, sobre seu carinho para com todos, seu desprendimento, sua caridosa atenção, sempre pronta ao que fosse preciso. Consideram-na a melhor mãe do mundo. E nossos netos fazem questão de orar por você. Famílias preciosas, fruto do seu imenso amor.

– E você, como sempre, o melhor marido que uma mulher poderia ter. Com frases perfeitas para todos os momentos, sejam eles de tristeza ou de alegria.

– E qual desses momentos você está vivendo agora?

– De muita alegria, Tales.

– Você nunca esteve junto a nós, após ter partido?

– Ainda não, mas Irmã Lúcia me afirmou que logo poderei lhes fazer uma visita.

– Paulo e Norma me disseram que você se encontrou aqui com ela.

– Isso mesmo. E estamos trabalhando numa clínica de recuperação e esclarecimento, que atende a Espíritos necessitados.

– Que bom, Nelly, que estão juntas, trabalhando.

– Para falar a verdade, eu apenas a tenho acompanhado nas visitas que realiza a Espíritos recém-chegados à clínica, ainda perturbados e sem entender que já abandonaram o corpo físico, até porque veem-se com um corpo, o perispírito.

– Assim como o nosso, neste momento, não?

– Isso mesmo. E você pode tocar-me e se tocar também porque apenas "saiu" do corpo material e agora tem o perispírito como corpo. E ainda se encontra ligado ao seu corpo mais material, adormecido lá na sua cama, através desse cordão fluídico luminoso. E já sabe que estes corpos que usamos, neste momento, possuem praticamente a mesma constituição do corpo terrestre, ou seja, são constituídos por moléculas que, por sua vez, são constituídas também por átomos. A única diferença é resultado da faixa vibratória desses átomos.

– Você está dominando bem esse assunto, querida.

– Agora mais ainda, não? – respondeu brincando. – De qualquer forma, é muito fácil de ser compreendido.

– E onde você vive, Nelly, quer dizer, tem algum lugar, uma casa...?

– Ainda é muito cedo para eu poder ter uma casa para morar, pois aqui, apesar dessa possibilidade existir, vai depender de nosso trabalho, de nossa dedicação aos mais necessitados, enfim...

– Bônus-hora?*

– Isso mesmo, Tales. Mas não estou nem um pouco preocupada com isso, pois estou muito bem acomodada num quarto, cozinha e banheiro, junto com a Irmã Lúcia, num conjunto de habitações desse tipo, onde mora grande parte dos trabalhadores da clínica.

– E tem conforto, Nelly?

– Mais do que mereço, Tales. É muito confortável, além da agradável companhia da Irmã Lúcia.

– Só não consigo compreender uma coisa.

(*) – Bônus hora – ponto relativo a cada hora de serviço. (do livro *Nosso Lar*, pelo Espírito André Luiz, psicografado por Francisco Cândido Xavier – Editora FEB)

– E o que é, querido?

– Irmã Lúcia é católica...

Nelly sorriu e respondeu:

– Também lhe disse isso, e ela me explicou que, em primeiro lugar, somos trabalhadores cristãos e que a religião é apenas uma ferramenta com a finalidade de fazer com que as pessoas se tornem cristãs.

– Isso é certo... mas... voltando ao assunto... você disse que, um dia, irá visitar-nos, e eu lhe pergunto: daria para avisar com antecedência?

– Por que teria de avisá-los? – brinca Nelly.

– Para que eu vista a melhor de minhas roupas e deixe o nosso lar brilhando de tão limpo.

– Mas você está usando a melhor de suas roupas.

– Hã? – exclamou Tales, olhando para si próprio.

Somente nesse momento, reparou que não trajava mais o seu pijama, mas, sim, uma calça bege, sapatos e uma camisa verde clara, a mais nova delas, presente da esposa no Natal passado.

– Mas como é possível?! Eu estava de pijama.

Nelly riu, divertida, e respondeu:

– Deve ser arte de Durvalino.

– Mas como pode ser?

– Pelo que posso entender, sua alegria era tanta, despojada de qualquer vínculo material que, espontaneamente, acabou por plasmar essas vestes.

– Meu Deus, será que estou mesmo aqui com você ou estarei sonhando?

A esposa continuou a rir.

– Você está aqui, sim, querido. Está aqui comigo. Ou será que tudo o que já leu a respeito da emancipação do Espírito, durante o sono, de nada adiantou?

– Adiantou, sim, amor, e sei que estou aqui com você. Somente uma coisa me perturba um pouco.

– E o que é, Tales?

– É que gostaria de lembrar-me de tudo isto quando retornar ao meu corpo adormecido, e sei que é difícil. Gostaria de lembrar para que eu pudesse continuar a viver o tempo que me falta, sem sofrer tanto pela sua ausência. Gostaria de saber que, quando fosse dormir, viria para cá, ter com você.

– Realmente, são raros os casos em que o Espírito encarnado consegue se lembrar do que lhe ocorreu durante o tempo em que se desprende do corpo físico, mas, com certeza, acordará com mais força, com mais vigor, acreditando mais e mais sobre essa possibilidade. Imagino que, com o tempo, você começará a perceber que, quando acorda, lembra mais nitidamente de mim, de nós, até que nenhuma dúvida tenha sobre isso.

– Sabe, Nelly, gostaria tanto de desencarnar também e vir viver com você aqui.

– Nem pense nisso, Tales. Deus sabe o momento certo de cada um de Seus filhos retornar à pátria espiritual e somente a Ele cabe essa decisão. Você sabe que cada minuto de nossa vida na Terra representa uma oportunidade de nos elevarmos um pouco mais. Tanto isso é importante que Deus, nosso Pai e Criador, não nos dá o direito de decidirmos sobre isso e sabemos as tristes consequências de um ato cometido contra o próprio corpo, que vier a abreviar a nossa caminhada pela Terra.

– Sei disso, Nelly, e você não precisa se preocupar nem um pouco. Sei que um ato de autodestruição somente nos afastaria ainda mais um do outro. Foi apenas uma maneira de expressar-lhe todo o amor que sinto por você.

– Vamos fazer o seguinte, Tales. Imagine que estes breves momentos que poderemos passar juntos, enquanto seu corpo se encontra adormecido, sejam a verdadeira vida, e o tempo que permanece na Terra seja, simplesmente, um sonho. O que não deixa de ter um fundo de verdade, já que a verdadeira vida é a espiritual, e a da carne, apenas experiências e aprendizado. De qualquer forma, Tales, você ainda tem muita coisa para realizar por lá. Ouvi dizer que está trabalhando naquele projeto de atender os catadores de recicláveis.

– Quem lhe disse isso?

– Foi a Irmã Lúcia.

– Ela esteve por lá?

– Não somente esteve como me contou que você pintou o meu nome no para-choque da caminhonete.

– Meu Deus, essa Irmã é muito fofoqueira... – brincou o homem.

– Por que pintou o meu nome, Tales?

– Apenas quis lhe prestar uma homenagem. Afinal de contas, você foi uma das idealizadoras desse projeto.

– Todos fomos, Tales – respondeu Nelly, humildemente.

– Mas você é minha esposa, e a caminhonete é minha – tornou a brincar o marido.

– Sei que não pensa assim... Como sei que esse veículo nunca será seu, mesmo que o tenha comprado. Deve estar no seu nome, mas já é do Centro...

– Quem sabe...? – respondeu, sorrindo, também de maneira bastante humilde, sabendo que a esposa tinha toda a razão, pois comprara a caminhonete e a colocara em seu nome, apenas para que ele mesmo pudesse pagar todas as despesas com ela. Mas sua intenção sempre foi a de que fosse do Centro Espírita. Até já havia dito isso aos seus filhos e que esse era o seu desejo.

Nesse momento, ao longe, Paulo chamou por ele, dizendo que teria apenas mais alguns poucos minutos e que deveria partir de volta ao corpo físico.

– Você tem que ir agora, Tales.

– Pensei que fosse ficar mais.

– Não se entristeça. Fique certo de que, com o passar do tempo, suas vindas poderão ser mais demoradas.

– Mas gostaria tanto de lembrar-me, ao acordar...

– Você ainda irá conseguir.

– Não há nada que possamos fazer para que isso aconteça?

– Isso é imprevisível, Tales. Na maioria dos casos, a lembrança ainda é bem rara. Mas eu e a Irmã Lúcia tivemos uma ideia antes de eu vir para cá.

– Uma ideia?

– Sim. Veja bem: não adianta eu lhe falar sobre qualquer coisa, pois poderia apenas lembrar-se vagamente e, ainda assim, embaralhada com as lembranças do sonho, que ocorre com o seu cérebro material. Você sabe que o seu cérebro que se encontra lá com o seu corpo e que não passa de uma simples máquina biológica, neste momento, encontra-se abrindo as "gavetas" da memória e liberando ideias e acontecimentos que virá a recordar, quando despertar, como um sonho.

E estas lembranças do que viveu, neste Plano Espiritual, são muito difíceis de serem lembradas, mesmo porque, o sonho cerebral do corpo material é mais dominante do que aquele que foi gravado no cérebro do perispírito.

Agora, estou com a ideia de fazer uma coisa, que mais se parece com um enigma, e você terá que descobrir e, quando descobrir, irá ter a certeza de ter vindo até aqui e falado comigo.

– E que enigma é esse, Nelly?

– Vou lhe dizer um número repetidas vezes, cada vez que vier aqui.

– Um número?

– Isso mesmo. E o número é 79. Procure prestar atenção nesse número e, então, quando se lembrar dele, com certeza começará a tentar decifrar o que ele quer dizer e irá procurar um significado. Assim que descobrir, terá a certeza de que nos encontramos durante o sono.

– Mas por que não me diz o seu significado?

– Porque penso que será mais fácil para você lembrar-se de um número do que de uma frase ou de um pensamento.

– 79...

– Isso. Procure guardar na memória: Nelly, setenta e nove.

– Nelly, setenta e nove.

– Isso mesmo.

– Nelly, 79.

– Nelly, 79 – repetiu Nelly.

– Venha, Tales – pediu Paulo.

Tales abraçou a esposa e, muito emocionado, disse-lhe:

– Querida, eu voltarei. E, por favor, ore por mim para que eu esteja sempre bem preparado espiritualmente quando entregar-me ao sono, a fim de ter condições morais e de tranquila consciência para vir ter com você novamente.

– Tenho feito isso e estarei sempre esperando por você.

Nesse momento, Paulo deu mais um sinal para que Tales se apressasse.

– Tenho de ir agora, pois Paulo me chama.

E Tales, abraçando a esposa, despediu-se, demorando-se um pouco para soltar suas mãos. Até que, beijando-as, partiu em direção ao amigo.

– Tales...

– Sim...? – respondeu o homem, voltando o olhar para Nelly.

– Mesmo que não se lembre deste momento, dê um beijo em todos. Por mim.

– Eu darei, querida. Por mim e por você. A propósito, você se encontra bastante rejuvenescida, na verdade, muitos anos. Está mais linda ainda.

E Tales, auxiliado por Paulo, partiu de volta ao corpo.

Capítulo 9

ASSIM QUE SE AFASTOU do jardim, após a partida de Tales, Nelly se apressou para chegar até o alojamento, pois não via a hora de falar com Irmã Lúcia sobre o encontro que teve com o marido. Encontrava-se exultante, visivelmente emocionada e com muita esperança de novos encontros, enfim, num porvir de muita felicidade. Ao falar com Tales, sentiu-se renovada de energias como se a morte e a separação pouco significassem, diante da perspectiva e da certeza de que, realmente, os dois planos encontram-se numa linha divisória muito próxima e que, para ultrapassá-la, bastaria apenas boa vontade, amor no coração e disposição para o trabalho no bem.

Ao chegar, Irmã Lúcia veio ao seu encontro, trazendo no olhar e no sorriso a certeza de que tudo havia ocorrido como esperava e pelo qual tanto orara desde que a amiga saíra em direção ao jardim, próximo dali.

De qualquer forma, perguntou:

– E, então, Nelly...? Não... Nem preciso lhe perguntar, pois vejo em seu olhar.

– Foi maravilhoso, Irmã Lúcia. Foi como um encontro de enamorados.

– E Tales, como está?

– Eu o achei um pouco abatido, mas estou feliz porque, ao partir, já era outra pessoa, com uma aparência... acredite, minha amiga... remoçada.

– Pois acredito, sim. E ele? Acreditou que estivesse mesmo aqui ou pensou que fosse um simples sonho?

– Acreditou, Irmã Lúcia. Somente gostaria de lembrar-se ao acordar, mas sabe que são raros os casos em que ocorrem a lembrança.

– E você lhe falou o número?

– Falei e o repeti algumas vezes antes de ele ir.

– Com o passar do tempo, ele irá se lembrar, isso se não lembrar dele nesta noite mesmo.

– Será?

– Pode acontecer. Só irá depender do quanto esse encontro o tocou.

– Tomara que ele se lembre.

– E sobre o que falaram?

– Bem... eu lhe perguntei sobre nossos filhos e netos e ele me garantiu que se encontram todos bem. Ah, sim, ele me disse que estou rejuvenescida... mas... sabe que poucas vezes mirei-me no espelho desde que cheguei?

– Pois vá olhar, Nelly.

E a mulher dirigiu-se até o banheiro, acompanhada pela amiga, olhou-se e disse:

– Tales tinha razão, Irmã. Estou rejuvenescida, sim. Minhas rugas, as marcas de expressão, sumiram todas. Meu Deus, pareço ter voltado muitos anos na aparência! Como pode ser isso? Até já ouvi dizer e penso até ter tido a oportunidade de ler sobre esse fato. Você mesma, quando a vi, percebi que se apresentava mais jovem. Mas eu?!

– E por que não? Afinal de contas, você fez muita caridade quando na Terra.

– Ah, isso não é verdade. Fiz apenas o que se encontrava ao meu alcance. Nada que me fosse tão sacrificial.

– Mas fez e poderia não ter feito nada, além do que, todos os seus atos, nesse sentido, foram realizados com muito amor.

Nesse instante, as duas rumaram ao quarto, preparando-se para descansar, e Nelly continuou com as perguntas, pois apesar de ter bastante conhecimento, através de bons livros, principalmente os psicografados por Francisco Cândido Xavier, estava nesse plano havia pouquíssimo tempo e tudo lhe era, não uma novidade, mas a comprovação de tudo o que já aprendera.

– Ocorrem muitos desses encontros, Irmã Lúcia? Quero dizer, como o que eu vivi hoje?

– Acontecem, principalmente, quando os envolvidos os desejam muito, apesar de que os encontros mais significativos, como o que você vivenciou hoje, são mais raros do que os providos de ódio, rancor e equívocos.

– Poderia me explicar melhor?

– Na maioria dos casos, os Espíritos, quando se desprendem do corpo, na ocorrência da emancipação do Espírito, saem à procura de sensações pessoais, de divertimentos ou mesmo de satisfações de sua insana vontade, como encontros libidinosos ou com objetivos de vingança, tanto da parte dos encarnados para com os encarnados, na mesma situação de desprendimento, como de encarnados para com desencarnados, ou vice-versa, à procura de atos de ordem punitiva.

Outros, por sua vez, permanecem presos a questões rotineiras da matéria, com suas variadas preocupações. E a emancipação do Espírito, durante o sono, o descanso necessário do corpo físico, não ocorre apenas com quem acredita nesse processo. Ele ocorre nos mais variados graus, e existem ocasiões em que o Espírito, liberto do corpo, permanece também adormecido, situando-se, dessa forma, a pequena distância do corpo.

E os que desejam se encontrar com entes queridos, nem mesmo vivendo esses encontros, acreditam neles, tomando-os como simples sonhos, por força do próprio ceticismo, haja vista que não possuem o conhecimento dessa possibilidade.

– Entendo...

– Com o passar do tempo, Nelly, os Espíritos, quando reencarnarem, mesmo com o esquecimento do passado, terão mais certeza de que a verdadeira vida é a espiritual e que a separação de um ente querido, através da morte do corpo físico, é apenas temporária.

Dessa forma, também terão ciência de que uma prece endereçada a quem já partiu também é uma forma de contato, tendo em vista que essa oração entrará em sintonia com o Espírito, através da força do pensamento. E ela será recíproca, propiciando enorme paz entre os que se amam.

Capítulo 10

TALES ACORDOU INSTANTES depois do seu regresso, abrindo os olhos lentamente. Incompreensível felicidade lhe tomava o íntimo, e seu coração pulsava num ritmo tranquilo como se um acontecimento de imensa paz lhe houvesse ocorrido naquele instante.

De início, sentiu-se vagamente decepcionado consigo mesmo, diante dessa estranha calma, levando em consideração a recente perda da esposa amada, que ainda não lhe trouxera momento algum de alegria, por menor que fosse.

Somente tivera, nos últimos poucos meses da separação repentina, um pouco de satisfação nos momentos em que se encontrava junto aos filhos e netos ou também enquanto trabalhava na distribuição de alimentos e roupas aos desvalidos catadores de recicláveis.

Mas o que significava agora essa inusitada sensação de felicidade, mesclada com uma não menos incompreensível sensação de consolo e de esperança?

Sentou-se à beira da cama e ficou tentando lembrar se, alguma vez, teria sonhado com alguma situação que lhe tivesse trazido emoção tão forte.

"Será que sonhei com Nelly?" – perguntou-se. – "Não consigo me lembrar. Ou será que fui até ela, durante o sono, no fenômeno da emancipação do Espírito?"

E permaneceu por alguns minutos tentando se recordar de alguma coisa, de estar certo quanto a isso, pois parecia-lhe que algo estava querendo desabrochar de sua memória, mas sem conseguir. Era como se uma cena, ou um acontecimento, tentasse vir à tona, mas, quanto mais procurava perscrutar-lhe, ir mais fundo a essa fugidia lembrança, mais ela parecia desaparecer de seu pensamento.

Sentiu-se, então, imensamente frustrado porque sabia que, dali mais alguns poucos segundos, essas evasivas ideias desapareceriam por completo.

"Deixe-me ver que horas são" – pensou e, antes de acender um abajur, que se encontrava ao lado da cama, para verificar as horas, tentou, mentalmente, adivinhá-la. E, nesse preciso instante, ao invés de mentalizar a hora que imaginava ser, disse, quase que num sussurro:

– Setenta e nove...

E, balançando a cabeça negativamente, como a se censurar, voltou a sussurrar para consigo mesmo:

– Que estou dizendo? 79? Isso não são horas. De onde tirei essa ideia?

E começou a rir um riso lento e, ao mesmo tempo, admoestador.

– Acho que estou começando a caducar. O que é 79? O que significa esse número?

Já tinha acendido o abajur e olhou para o relógio. Eram três horas e vinte e oito minutos da madrugada e resolveu levantar-se para tomar um copo com água. Foi até a cozinha, abriu a geladeira, serviu-se da água e sentou-se à mesa, sorvendo vagarosamente o líquido gelado, apesar de estar sentindo um pouco de frio, devido à época do ano: primeira quinzena de julho. Percorreu toda a cozinha com o olhar até encontrar o nome da esposa gravado num pano de prato pendurado num suporte na parede de azulejos brancos.

– Nelly – balbuciou – Nelly, 79.

Franziu a testa, ensimesmado e curioso.

– Nelly, 79? Mas o que significa isso?

Foi nesse instante que, sem atinar com o que estava lhe acontecendo, conseguiu visualizar mentalmente, de maneira bastante clara, a esposa, olhando para ele, inclusive os movimentos de seus lábios dizendo-lhe:

"Nelly, 79, procure guardar na memória, Nelly, 79".

– Será que eu sonhei ou estive com ela? Parece que me vem à memória uma cena em que Nelly me diz isso, mas o que pode significar esse número? 79...?

E, instantaneamente, Tales apanhou um pequeno bloco de notas e uma caneta, que se encontravam sobre um dos balcões da cozinha, e escreveu "Nelly, 79", afixando o papel na porta da geladeira, com um imã em forma de uma flor, feita de *biscuit*, e voltou para o quarto, tentando dormir novamente.

No dia seguinte, Tales acordou e percebeu que, havia algum tempo, não se sentia tão bem disposto. E lembrou-se do ocorrido na madrugada quando sentiu essa mesma disposição ao acordar e levantar-se para tomar água. Também recordou-se do número "79" e de tê-lo anotado num papel e afixado na porta da geladeira para que não se esquecesse.

"Será que me encontrei com Nelly durante o sono?" – pensou, fazendo enorme esforço para tentar se lembrar de algo. – "E esta minha disposição, essa alegria que me invadiu os pensamentos? Fui deitar-me muito triste e desperto desta maneira. Será...? Só posso pensar que me encontrei mesmo com ela. E esse número 79? Imagino que possa ser uma lembrança desse nosso encontro, mesmo porque, na verdade, um número é bem mais fácil de guardar na memória do que um acontecimento, uma frase ou um pensamento. Mas o que poderia significar? Penso que o Alto atendeu à minha prece. Esta noite, vou orar também para que eu possa me encontrar com ela. Quem sabe, voltarei com alguma nova lembrança?"

Ouviu ruídos na cozinha e, somente nesse instante, percebeu que devia ter dormido bem mais tempo do que costumava. Olhou para o relógio: eram sete horas e dez minutos. E isso, para ele, representava ter perdido a hora já que, naturalmente, acordava às cinco e fazia o café.

– Deve ser a Lucineide – pensou, referindo-se à empregada doméstica, que chegava naquele horário e tinha as chaves da casa.

Tomou um banho rápido, trocou-se e se dirigiu até a cozinha.

– Bom dia, Lucineide – cumprimentou.

– Bom dia, seu Tales. Pensei que já tivesse saído, mas quando vi que o café ainda não estava pronto, comecei a ficar preocupada – respondeu, enquanto despejava o precioso líquido numa garrafa térmica.

– Perdi hora mesmo, e a senhora teve de passar o café.

– Não há problema algum, seu Tales. Só não sei se ficou tão bom quanto o que o senhor prepara. Mas sente-se que vou servi-lo.

– Obrigado, Lucineide.

A mulher começou a arrumar a mesa, colocando pão, manteiga, queijo e torradas.

– Seu Tales, o que é esse papel que o senhor grudou na geladeira? É algum lembrete para mim?

O homem sorriu, apanhou o papel e, sentando-se, ficou a olhá-lo.

– Não, Lucineide, coloquei-o aí, de madrugada, para não me esquecer desse número.

– Nelly, 79? O que significa?

– Ainda não sei, Lucineide.

– Não?!

– Eu acordei esta madrugada e tive a sensação de ter sonhado com ela e esse número me veio à mente. Fiquei com receio de esquecê-lo e o anotei. A senhora teria alguma ideia do que ele pode representar?

– 79? Não, seu Tales. Não tenho a mínima ideia. Mas o senhor acha que foi dona Nelly quem lhe falou sobre ele?

– Pode ser, Lucineide.

– Seu Tales, o senhor acha que pode ter-se encontrado com ela?

– Você acredita nessa possibilidade?

A mulher permaneceu em silêncio por alguns segundos, até responder:

– Uma vez, dona Nelly me explicou que o Espírito, quando dorme, sai do corpo e pode se encontrar com outros Espíritos que também saem do corpo quando dormem ou com Espíritos de quem já morreu.

– E a senhora acredita nessa possibilidade? – perguntou Tales, apenas para verificar o que a mulher pensava sobre isso.

– O senhor acredita, não é? O senhor é espírita...

– Acredito, sim, Lucineide, mas e a senhora?

– Sabe, seu Tales, não gosto muito desses assuntos, apesar de que, sinceramente, tenho acreditado em tudo o que dona Nelly já me explicou, até porque sempre vi muita lógica nas coisas que ela já me disse. O senhor acredita mesmo ter estado com ela a noite passada?

– Tive essa sensação, Lucineide, mas não consigo me lembrar – respondeu, enquanto passava manteiga numa torrada.

– Dona Nelly me disse também que é um pouco difícil a gente se lembrar, não é? Que a gente se lembra mais das coisas que o cérebro do corpo nos passa, e que esse sonho do corpo é mais forte que o do Espírito. Que o que acontece com o Espírito, quando sai do corpo, fica gravado no cérebro do corpo do Espírito, não é isso?

– Isso mesmo, Lucineide. Fica gravado no cérebro do perispírito, que é o corpo do Espírito quando este se encontra no Plano Espiritual, na vida espiritual.

– Isso mesmo. Ela sempre me falava sobre esse tal de perispírito que, como o senhor disse, é o corpo do Espírito. E esses Espíritos, com esse perispírito, podem se falar e se tocar, não é?

– Podem, sim, Lucineide.

– Sabe, seu Tales. Eu não sei se já acredito nisso tudo, apesar de que penso que o Espiritismo possua a explicação mais compreensível para se entender a vida, principalmente no que diz respeito às encarnações. De qualquer forma, posso lhe dizer que gostaria muito que fosse assim.

Tales riu, divertindo-se com a conclusão de Lucineide, e acrescentou:

– Pois pode ter certeza, Lucineide. A não ser que encontre uma outra maneira de entender a justiça e a misericórdia de Deus.

A mulher, então, ficou a olhar para Tales, bastante satisfeita e, com um sorriso franco, disse-lhe:

– O senhor, realmente, deve ter estado com dona Nelly esta noite.

– E o que a faz acreditar nisso?

– A sua alegria e o seu semblante, seu Tales. O senhor está contente com alguma coisa.

– Estou, sim, Lucineide, mas não sei o motivo.

– Não sabe? Pois eu lhe digo: pode ter certeza de que o único motivo, que o teria transformado tanto e lhe dado essa alegria repentina, só poderia ter vindo de dona Nelly.

Tales sorriu e respondeu:

– Sinto-me muito contente com essa sua afirmação, Lucineide. Era tudo o que eu queria ouvir hoje. Que Deus a abençoe.

– É o que lhe desejo também.

***

– Papai, que surpresa! – exclamou Carlos quando viu Tales entrando na loja – Veja quem está aqui, Amanda!

– Bom dia, seu Tales! – cumprimentou a esposa de Carlos, saindo detrás de uma vitrina, na qual se entretinha em dispor novos produtos em exposição – Tudo bem com o senhor?

– Bom dia, Amanda. Linda como sempre! – respondeu ao cumprimento, demonstrando alegria no olhar e abraçando-a quando a nora se aproximou mais.

– O senhor me parece mais animado hoje. Na verdade, bem mais animado. Isso me deixa muito feliz.

Tales baixou o olhar, na tentativa de recolher-se, numa expressão mais condizente com a de quem havia perdido a esposa há tão pouco tempo, mas sentiu que não iria conseguir tão repentina mudança e voltou a sorrir.

– Estou melhor hoje, sim, Amanda. Você tem razão.

– Mas vamos lá para os fundos, papai. Vamos lhe servir um *capuccino*. Aquele cafezinho que o senhor tanto gosta. Vamos, Amanda? – convidou Carlos que, voltando-se para uma das funcionárias, pediu: – Gisele, por favor, tome conta disto aqui.

– Pode deixar, seu Carlos.

– E, então, papai, o que aconteceu de tão importante? Amanda disse bem: o senhor parece mais animado...

– Sabe, Carlos, esta madrugada, eu acordei assim, bem melhor, e pareceu-me ter estado com sua mãe.

– Verdade?! Mas que ótima notícia! E ela? Está bem?

– Ela perguntou sobre nós? – indagou Amanda, antes mesmo de Tales dar uma resposta à primeira pergunta.

– Eu não sei dizer. Na verdade, não me lembro de nada. Como disse, pareceu-me ter estado com ela, mas não me lembro.

– Mas, se o senhor teve essa impressão e acordou com alegria, só pode significar que ela se encontra bem, não é?

– Sim, acordei muito animado, até feliz, eu diria.

– E não se lembra de nada? De alguma coisa qualquer.

– Bem, assim que acordei, veio-me um número à mente.

– Um número?

– O número 79.

– 79... – repetiu Carlos – E esse número lhe diz algo, tem algum significado?

– Não sei, Carlos. O que vocês acham disso? Você, Amanda, lembra-se de alguma coisa relacionada com 79?

– No momento, não, seu Tales, mas penso que, com o tempo, o senhor descobrirá algum significado.

– Talvez um significado que venha a comprovar que o senhor esteve com mamãe, não?

– Pode ser... – respondeu – Mas de qualquer forma, acredito que a encontrei durante a emancipação do Espírito.

E sem que, nem mesmo, tivesse pensado nisso, completou:

– E Paulo e Norma...

– Paulo e Norma? Aquele casal, amigo de vocês? Já morreram há algum tempo.

– Sim... Lembro-me de ter sonhado com eles...

– Sonhado ou esteve junto a eles?

– Não sei dizer, Carlos. O que me veio à mente, repentinamente, é que eu estava com eles e... Na verdade, eles estavam me levando a algum lugar, penso que... não sei bem, mas em alta velocidade.

– Em alta velocidade?

– Mais ou menos...

– Papai, eles devem ter levado o senhor até a mamãe. Se fosse necessário que alguém o tivesse levado até ela, quem teria sido melhor companhia do que Paulo e Norma?

– Você tem razão, Carlos, apesar de que, agora, essa ideia me parece estar se distanciando.

– Não deixe isso acontecer, seu Tales – pediu Amanda –, porque se realmente o senhor teve esse encontro com dona Nelly, ela ficaria muito triste se o senhor não acreditasse ou, pelo menos, não mantivesse essa esperança. Até mesmo porque, tem um número para investigar. Quem sabe?

– Pense no seguinte, papai: todos nós acreditamos na emancipação do Espírito durante o sono e, se acreditamos, por que não poderia ter acontecido com senhor ou por que não poderá acontecer amanhã ou depois?

– Vocês têm razão. Nelly ficaria muito triste se eu não acreditasse nessa oportunidade.

– É uma pena que não nos lembramos – disse Carlos.

– Quanto a isso, eu penso assim – falou Tales –: Se realmente eu me encontrei com sua mãe, durante o sono, e se isso acontecer mais vezes, mesmo não me lembrando, devo considerar que o que consigo viver com ela, durante esses períodos de emancipação do Espírito, seja a verdadeira vida para mim e que esta, aqui na carne, seja um sonho. Mesmo porque, pelo tempo em que eu estiver no verdadeiro plano da vida, com certeza, irei lembrar-me do que aconteceu das outras vezes em que lá estive. O que não deixa de ter um fundo de verdade, já que a verdadeira vida é a espiritual, e a da carne, apenas experiências e aprendizado.

Tales, quando emitiu essa ideia, nem imaginava que estava apenas repetindo o pensamento que Nelly lhe passara quando estivera com ela na noite anterior.

– O senhor tem razão, seu Tales – concordou Amanda. – Uma genial maneira de ver as coisas.

– Muito inteligente de sua parte, papai.

– Bem, eu vou indo agora. Tenho que comprar alguns ingredientes para fazer a sopa para os assistidos.

– Hoje é seu dia de ir, papai?

– Hoje, não, apenas irei fazer as compras.

Capítulo 11

NO MESMO DIA, no Plano Espiritual, na clínica...

– Irmã Lúcia...

– Pois não, Nelly, o que foi? Parece-me um pouco preocupada.

– Na verdade, estou mais preocupada em fazer-lhe uma pergunta, pois sei que deveria esperar que esse assunto fosse abordado, não por mim, e nem na hora em que eu desejasse, mas, sim, no momento em que achassem mais apropriado. Mas é que...

E seus olhos começaram a lacrimejar.

– Pois faça a pergunta que queira me fazer, Nelly. Não há mal nenhum nisso. O que deseja saber?

– Bem...

– Sobre seus pais? – perguntou a Irmã, com um sorriso nos lábios.

– Como sabe, Irmã Lúcia?

– Experiência, minha amiga. Estou tão acostumada a lidar com nossos irmãos recém-chegados da Terra, que acabo por adivinhar o que querem saber.

– É sobre eles, sim. Gostaria de ter notícias. Meu pai desencarnou há vinte e cinco anos, e minha mãe, dois anos depois. Ele, através de um infarto fulminante, e minha mãe, através de um acidente vascular cerebral, que a paralisou por cerca de oito meses. Mamãe já nem me reconhecia mais. Gostaria também de ter notícias dos pais de Tales. Eles estão todos bem?

Irmã Lúcia, sorrindo, respondeu:

– Estão sim, Nelly. Na verdade, não só estão muito bem, como estão ótimos. Venha comigo. Aproveitemos o dia de hoje que nos é oferecido como descanso, não para a ociosidade, mas para que possamos aproveitá-lo para aprendizado ou recarga de energias.

– Para onde vamos?

– Para uma nobre instituição aqui deste plano.

Em poucos minutos, as duas amigas entram num outro tipo de clínica, denominada, simplesmente, por "Lar Amigo".

– O que é isto, Irmã? Seria mais uma clínica como a que trabalhamos?

– Bem parecida, Nelly. Somente o tipo de pacientes aqui é de ordem um pouco diferente, assim como o tratamento. Trata-se de uma clínica de tratamento para viciados, desde o alcoolismo até drogas mais pesadas.

Ao entrarem e se apresentarem, Nelly percebeu que a Irmã, com certeza, já havia marcado de antemão uma possível visita sua, pois foram levadas para um pátio, após passarem por vários corredores. Notou que esses corredores davam acesso a muitos quartos, em ambos os lados, ocupados, na grande maioria, por pacientes, até chegarem a um grande pátio muito bem cuidado, com muitas plantas ornamentais, assim como aquele no qual trabalhava.

Será que seus pais e os de Tales viviam ali?

E ainda se encontrava absorta nesses pensamentos quando ouviu uma voz muito conhecida, suave e cheia de muito amor, que a chamava:

– Nelly...

Girou sobre os calcanhares, pois a voz vinha à sua retaguarda, e enorme alegria e incontrolável felicidade invadiram o seu coração e todo o seu ser.

– Mamãe! É você?!

As duas correram, abraçaram-se, e a emoção era tamanha que não sabiam se continuavam enlaçadas ou afastavam-se a pouquíssima distância para se verem mutuamente. E isso fizeram por minutos, revezando os abraços e a contemplação.

– Mamãe, como a senhora rejuvenesceu!

Nesse momento, aproximou-se Hermelinda.

– Dona Hermelinda! Minha sogra, mãe de Tales! Que felicidade!

E as duas abraçaram-se comovidas.

– Nelly, antes de mais nada, tenho de agradecer-lhe e, como faço sempre, rogar a Deus que a ilumine e abençoe pela felicidade que proporcionou e tem proporcionado ao meu filho Tales. E isso, desde que desencarnamos. Ele estava tão triste e desesperado. Só mesmo um anjo como você, que Deus enviou a ele.

– Dona Hermelinda, não se esqueça de que a senhora levou um anjo de bondade para a Terra e para os meus braços.

– Tenho acompanhado, sempre que me é permitido, a vida de vocês, de meus netos e bisnetos. Que alegria! Que família!

– Mas e papai e seu Teodoro?

– Filha – respondeu Rosa –, estamos todos, os quatro, empenhando-nos muito neste abençoado trabalho e garanto-lhe que Teodoro é o mais aplicado e dedicado nesta causa.

– Seu Teodoro? Junto com papai?

– Deus é bondoso, filha. Hoje, os dois são mais que irmãos. Perdoaram-se, um ao outro, num encontro que chegou a emocionar todos os corações que os ouviram.

– Que felicidade, mamãe! Que felicidade, dona Hermelinda! E onde eles se encontram neste momento?

– Veja com seus próprios olhos. Estão vindo – respondeu a mãe, apontando em direção às costas de Nelly. Esta virou-se, e lágrimas de incontida emoção banharam-lhe a face, ao vê-los, com largo sorriso, caminhando em sua direção, com seu pai enlaçando Teodoro pelos ombros. E não conseguiu controlar o impulso de correr até eles para abraçá-los.

– Minha filha querida! Você não imagina como ansiava por este momento, desde que soube de sua vinda para cá. E Tales? Já soube pela Irmã Lúcia que ele veio encontrar-se com você, durante o sono.

– É verdade, papai. Estou tão feliz! E o senhor, seu Teodoro, como está? Pelo seu sorriso, só felicidade, não?

– É verdade, filha, o trabalho no bem nos faz feliz, e

aprendemos que a felicidade já se inicia a partir do momento em que caminhamos em direção a ela, seguindo os ensinamentos de Jesus.

– Fico muito feliz, meu sogro, por vê-lo trabalhando em benefício dos dependentes químicos.

– Deus é justo e sabe nos brindar com o trabalho apropriado a fim de que aprendamos a nunca mais incorrermos no mesmo erro. Eu, que fui alcoólatra, hoje, trabalho no auxílio aos que necessitam como eu necessitei um dia.

– E eu, filha, pelo mesmo motivo, pois afinal de contas, Teodoro enveredou por esse caminho, por minha causa.

– Não falemos disso, Narciso, porque, até nos erros, a bondade do Pai nos direciona, desde que o desejemos, no trabalho que nos eleva.

– Teodoro, por que não conta a Nelly quem foi o principal responsável por sua decisão de se modificar? – pediu Hermelinda.

– É verdade. Sabe, Nelly, quem foi o principal responsável por eu ter-me decidido a abandonar o vício? Você sabe muito bem que o vício não nos abandona nem depois da morte, a não ser que nos esforcemos e desejemos.

– Sei sim, seu Teodoro. Mas, diga-me: quem foi?

– Foi o Tales.

– Tales?

– Ele não se lembra, nem mesmo quando se encontrar com você, durante o sono, porque nem tudo o que acontece ao Espírito, durante a sua emancipação do corpo, por conveniências benéficas da vida, é lembrado, mesmo, como já disse, quando liberto do corpo novamente.

– Entendo. Mas como e quando isso ocorreu?

– Depois de minha desencarnação, Nelly, vivi por dez anos num estado de alienação como se estivesse num pesadelo, por consequência de meu próprio vício e, como um sonâmbulo, sem vida mental equilibrada, continuei a frequentar os bares da Terra, sorvendo o álcool emanado dos viciados encarnados, inclusive, prejudicando-os porque, ao sorver parte de seus eflúvios etílicos, eles se viam na necessidade de beberem mais. Você compreende...

– Sim.

– E aí apareceu Tales, como um anjo, emancipado durante o sono, juntamente com outros Espíritos deste plano, desta dimensão, encarregados desse tipo de socorro.

Nesse momento, o homem começou a chorar, muito emocionado, e pediu a Hermelinda que continuasse a narrativa que ela tão bem conhecia.

– Lembro-me bem que foi com grande alegria que me

encontrei com Tales aqui no Plano Espiritual, apesar de que as circunstâncias não nos favoreceram, naquele momento, a oportunidade de externarmos, como desejávamos, demonstrações mais afetivas. Deveríamos aproveitar ao máximo o tempo de que dispúnhamos.

– Venha, filho – pediu Hermelinda –, vamos ao encontro de seu pai. Os irmãos José, Arlindo e Gilson irão nos levar. São Espíritos que se especializaram em casos como esse, inclusive, no quesito transporte e alterações plasmáticas do perispírito, se for necessário.

– Como assim, mamãe?

– Talvez seja necessário que você tome uma aparência mais jovem, afinal de contas, já se passaram dez anos, já não possui as mesmas características físicas e pode ser que ele não o reconheça, pois encontra-se bastante confuso mentalmente.

Nesse momento, viagem quase idêntica à que Tales já conhecia, quando retornava ao corpo, foi realizada, com a diferença de que, desta vez, seguiram nova direção, indo ter nos arredores da cidade, num local frequentado por viciados e pessoas em busca dos prazeres mundanos, encarnados e desencarnados.

Seguiram por uma rua pouco iluminada até chegarem a um bar do plano terreno. Já passava da meia-noite, e Tales, apesar do conhecimento que detinha do que acontecia nesses lugares, ficou impressionado com a cena.

O bar encontrava-se repleto de viciados no álcool, sentados às mesas ou em pé junto a um balcão sujo e encardido assim como o chão. Mas o que mais o tocou emocionalmente foi o grande número de Espíritos desencarnados, também viciados, lado a lado com os encarnados, sorvendo as emanações etílicas de que tanto o organismo perispiritual de cada um necessitava.

Muitos dos homens que ali se encontravam bebiam cada vez mais, pelo muito que lhes era sugado do teor alcoólico das bebidas.

E a um canto mais afastado, Tales reconheceu seu pai que, juntamente com um outro Espírito, deleitava-se em dividir a bebida com um encarnado, jovem ainda na idade, mas com aparência de muitos anos a mais, devido aos prejuízos do álcool.

Quando Teodoro os viu se aproximando, ficou em posição de defesa e disse, com a voz pastosa, bastante alcoolizado, referindo-se ao encarnado à mesa:

– O que vocês querem? Ele é nosso.

– Não o queremos, senhor Teodoro – respondeu o Espírito José.

– Como sabe o meu nome? Conhece-me?

– Sim, e estamos todos aqui para ajudá-lo e ao seu amigo.

– Não precisamos de ajuda, a não ser que tenham aí uma boa garrafa.

– Não, não temos, mas, mesmo assim, ainda queremos ajudá-los.

– Ajudar em quê?

– Ajudá-los a se libertarem.

– Nós não estamos presos.

– Como não? Há muito tempo, aprisionaram-se, praticamente se acorrentaram a esse infeliz.

– Por que infeliz? Ele está muito feliz com essa garrafa. Essa garrafa é a nossa felicidade.

– Não posso acreditar nisso.

– Como não pode acreditar? Se eu estou dizendo que somos felizes...

– Você se esqueceu do que é, verdadeiramente, a felicidade?

– Do que está falando? O que pode saber sobre o que me faz feliz?

– Posso não saber totalmente, mas há alguém aqui que sabe.

– E quem é essa pessoa?

Nesse instante, os dois outros Espíritos, auxiliados por José, voltaram-se em direção a Tales, que se encontrava com os olhos marejados de lágrimas, concentraram-se mentalmente, e José disse a ele:

– Tales, cerre os olhos para poder se concentrar melhor e ore, pedindo a Deus que lhe conceda a graça de transformar-se na aparência. Procure lembrar-se de como era quando moço, na época em que seu pai desencarnou.

Tales fez o que lhe foi pedido e, em poucos instantes, conseguiu mentalizar a sua imagem dessa época, o que fez com que, gradativamente, viesse a passar por profunda mudança, transformando o seu perispírito e tornando-se novamente como dez anos atrás.

Nessa hora, os Espíritos saíram de sua frente, e José dirigiu-se a Teodoro:

– Você o conhece, senhor Teodoro? Reconhece Tales, o seu filho?

– Tales?! Meu filho! O que veio fazer aqui?!

E Tales, inspirado mentalmente por José, falou de maneira calma e carinhosa:

– Vim lembrá-lo do que é a verdadeira felicidade, aquela que o senhor conheceu.

– De que está falando, filho?

– De mamãe, de mim.

– Sua mãe... Onde está ela...? Hermelinda... Você... Éramos felizes, não, filho?

– Éramos e ainda podemos voltar a ser.

– Mas como, filho? Veja no que me transformei. Nem fui para casa ainda. Sua mãe deve estar muito preocupada.

– Muito, papai.

– Parece que faz muito tempo que não ouço essa palavra: *papai* – disse, com lágrimas nos olhos.

– Onde o senhor estava até agora, papai?

– Não sei, filho.

O companheiro de Teodoro nem parecia ouvi-los, tão absorto se encontrava em envolver o encarnado, já bastante embriagado.

– Não se lembra, pai?

– Minha cabeça está muito confusa. Não sei... Acho que estava em casa.

– Faz muito tempo que não vai para casa, papai.

– Muito tempo? E sua mãe?

– Encontra-se muito triste e desesperada com a sua ausência – respondeu Tales, omitindo que a mãe desencarnara, assim como estava fazendo com o pai.

– Então... Leve-me para casa, Tales. Estou muito embriagado, mas amanhã estarei melhor.

– Claro, papai.

– Mas... Espere um pouco... Se faz muito tempo que estou aqui, será que a ação já foi julgada? – perguntou, angustiado, somente agora lembrando-se do caso da relojoaria.

– Já, papai, e deu tudo certo.

– Nós ganhamos?

– A ação não, mas ganhamos muito mais.

– Como assim? Se não ganhamos a ação, como ganhamos muito mais? E quer dizer que aquele maldito do Narciso está com o meu dinheiro?

– Acalme-se, meu pai. O senhor Narciso arrependeu-se do que lhe fez e está tudo em ordem.

– Arrependeu-se? Eu não acredito.

– Estou lhe falando, papai. Eu não mentiria para o senhor.

– Eu sei, mas...

– Pai, vamos voltar ao início desta nossa conversa. O senhor acha que o que está fazendo aqui está proporcionando-lhe mais felicidade do que a que já experimentou junto à mamãe e a mim?

O homem fez enorme esforço para vencer a embriaguez que lhe embotava o raciocínio, fixou o olhar no filho e começou a chorar silenciosamente, notando-se-lhe apenas o tremor nos ombros e no queixo.

– Não! Decididamente, não! Eu quero libertar-me deste inferno, filho! Não sei se irei conseguir, mas eu necessito!

– Eu vou ajudá-lo, papai, e pode acreditar em mim: vou torná-lo um homem livre. Estes meus amigos, aqui, são especialistas nesse assunto. Confie neles como aprendeu a confiar em mim e siga-os. Eles irão levá-lo a um lugar onde poderá descansar esse seu corpo alquebrado e iniciar um tratamento que o libertará.

– E você? Não vai conosco?

– Vou sim, papai. Vou até um certo ponto e, depois, o senhor irá com eles. Mamãe o está esperando lá.

– Hermelinda? Tenho vergonha, filho.

– Não tenha, não. Mamãe o está aguardando, impaciente, e rezando para que Deus o abençoe e ajude. Ela irá ficar muito feliz quando o vir.

– Eu irei, Tales. Mas você irá me visitar, não é?

– Sempre que puder, papai. E, por favor, perdoe o senhor Narciso.

– Não sei...

– Prometa-me que, pelo menos por enquanto, irá esquecer tudo isso. Faça isso por mim, pai. Confie em seu filho. Um dia, muito breve, verá que estou com a razão.

– Eu confio em você. E o meu amigo, aqui?

– Convide-o a ir junto com o senhor. Diga-lhe que lhe daremos também o que mais deseja.

– Teco!

– O que foi?

– Venha comigo.

– Para onde você vai?

– Vou com estes amigos. Eles prometeram nos dar o que mais necessitamos.

– O que mais necessitamos?

– A felicidade, Teco.

– Você tem certeza? Você sabe o que me faz feliz.

– Sei. Pode confiar no seu parceiro.

– Eu vou – respondeu o Espírito, levantando-se, cambaleante.

E, amparados, partiram os seis de volta à colônia espiritual.

✳ ✳ ✳

Ao chegarem, indescritível emoção envolveu Teodoro e Hermelinda, que não sabia o que fazer para recepcioná-lo, tamanha a euforia em que se encontrava pelo sucesso da missão, até que o pobre homem desfaleceu, sem forças, vencido pela quantidade de fortíssimos eflúvios do álcool em seu organismo perispiritual.

A seguir, foi devidamente higienizado e colocado em um leito onde lhe ministraram medicamentos, e uma equipe de Espíritos fluidificadores encarregaram-se de fornecer-lhe energias renovadoras, por meio de passes magnéticos.

Já era alta madrugada, e Tales, despedindo-se de sua mãe, retornou ao seu corpo físico.

Capítulo 12

TEODORO, AINDA MUITO envolvido pelas lembranças, retomou a palavra:

– E depois de um tempo, necessário para que eu me restabelecesse, pelo menos das intoxicações, Tales voltou para ver-me, no desdobramento do sono.

Enxugou algumas lágrimas e novamente pediu à esposa que contasse a Nelly.

E Hermelinda continuou o relato:

– **E o meu pai, mamãe?**

– **Hoje, ele acordou bem-disposto e já completamente desperto.**

– **Já falou com ele, mamãe?**

– **Ainda não. Os instrutores acham conveniente que você lhe fale primeiro.**

– **E sobre o que devo falar?**

– A verdade, filho. Hoje será o dia em que você irá lhe falar sobre a verdadeira situação dele e sobre a passagem do tempo.

– Será que conseguirei?

– Tenho plena confiança em você, Tales. Sei que saberá como abordar esse assunto.

Tales ficou pensativo por alguns instantes e disse:

– Tudo bem. Vou falar com ele.

– Já virão buscá-lo.

– Mas e se eu acordar enquanto estiver conversando com ele?

– Pode ficar tranquilo. Uma equipe espiritual já se encontra em seu quarto, na Terra, velando e vigiando a fim de que não acorde antes do tempo, assim como sua esposa.

– Assim, fico mais sossegado.

Nesse momento, chegaram dois mensageiros, solicitando a Tales que os acompanhasse.

Hermelinda foi junto desta vez, mas permaneceu fora das vistas do marido, apenas ouvindo a conversação do filho com o pai.

Teodoro, com o organismo já bem desintoxicado e

sendo tratado agora, através de diálogos edificantes com Espíritos orientadores, estava internado na ala dos que já se encontravam em condições de aprendizado.

Para essa conversa com o filho, havia sido levado a uma sala, onde o aguardava sentado em cômoda poltrona. Assim que viu Tales, levantou-se e o abraçou, bastante emocionado.

– Meu filho! Finalmente, pôde vir visitar-me. Estava com muita saudade. Ainda não tive a oportunidade de ver sua mãe, mas afirmaram-me que logo ela virá ao meu encontro.

– Com toda a certeza, papai. Como o senhor se sente?

– Ainda um pouco confuso e bastante desconfiado.

– Desconfiado de quê?

– Não sei, filho... Falam comigo todos os dias e depois me fazem dormir.

– E o que lhe falam?

– Falam muito sobre a vida e a morte, sobre a justiça, a sabedoria e a bondade e misericórdia de Deus.

– E o que pensa o senhor?

Teodoro permaneceu um pouco em silêncio, até se pronunciar:

– Sabe, filho, não estou conseguindo imaginar onde me encontro. Nunca soube da existência deste hospital ou clínica, que é como eles a chamam. Percebo diferenças em tudo o que me rodeia. Nem sei se não estou tendo alucinações.

– Alucinações? Por que pensa assim?

– Dia destes, quando acordei, a janela de meu quarto encontrava-se aberta e vi que há um jardim lá fora, mas as plantas, as flores, o gramado... Parece-me tão estranho. Nunca, em toda a minha vida, vi flores como as que existem lá fora, principalmente quanto às cores. Eu não sei explicar, é tudo muito lindo, inclusive o azul do céu...

– E o senhor disse que se encontra desconfiado.

– Sim, muito desconfiado. Sei que me encontro num tratamento contra o alcoolismo e me sinto bem melhor. Quase não sinto mais vontade de beber e percebo que, se eu quiser, nunca mais colocarei álcool em minha boca. Até quando me vejo com vontade, basta que eu pense em sua mãe e em você para que essa vontade diminua até a ponto de desaparecer e eu me esquecer.

– Fico contente com isso, papai.

– Mas, para ser franco, se eu não tivesse falado com você e com a sua mãe, apesar de que quase nem a vi, pois, quando aqui cheguei, estava muito embriagado, chegaria à conclusão de que eu morri e que me encontro em algum lugar em que os mortos vão quando morrem. E só não acredito nisso porque, além de ter falado com você, não acho que eu mereceria estar tendo toda essa atenção que estou tendo.

– E por que não, papai?

– Porque tornei-me um alcoólatra, e Deus, se é que Ele existe mesmo, não permitiria que eu viesse para um lugar destes. Sou um pecador.

– Por que pecador, papai? Você sempre foi um bom homem, um excelente pai de família, trabalhador.

– Sei, mas como já disse, a bebida...

– Sim, a bebida é bastante nociva, e não podemos atentar contra a nossa própria saúde, mas o senhor possui atenuantes, por tudo o que lhe disse. Agora, o senhor não tem certeza de que Deus existe?

– E como ter certeza, filho? Nem sabemos o que é ou quem é Ele...

– Deus é nosso criador, pai.

– Quem garante, Tales?

– A própria Ciência, pai.

– A própria Ciência?

– Sim, e é muito simples. Quando eu estava na escola, aprendi uma lei que a Ciência adota como uma das mais fundamentais.

– E qual é essa lei, filho?

– A lei que preconiza que, na Natureza, nada se cria, nada se perde, tudo se transforma.

– E como essa lei pode explicar a existência de Deus?

– É muito simples, pai. Se ela diz que, na Natureza, nada se cria, isso significa que o homem nada pode criar, a não ser transformar o que já existe.

– Penso estar compreendendo. O que você quer dizer é que, no meu caso, que fui relojoeiro e ourives, eu apenas conseguia transformar o ouro em uma peça ou poderia dar mais dureza ao ouro, fazendo ligas com ele e o latão, por exemplo, mas que eu não poderia criar o ouro, nem o latão. É isso?

– Pois é exatamente isso, pai. E isso ocorre com outras coisas. Qualquer coisa, como objetos, remédios, plantações; o homem somente consegue transformar elementos básicos que existem. O homem criou a árvore, as plantas? Não. O que ele pode fazer é plantar as sementes e poderá até fazer um enxerto, mas ele nunca criará uma árvore. Apenas transformar. E a lei diz também que nada se perde, pois tudo volta à Natureza. A água, por exemplo, com o calor, evapora-se e sobe aos céus, formando as nuvens, mas não deixa de ser água, só que no estado gasoso e que, depois de condensada, retorna à Terra em forma de chuva.

– Você tem razão, mas...

– Pense no seu coração, pai. Foi o homem quem o criou? E que força é essa que o faz pulsar até a morte do corpo físico?

– Então...

– Então, somente pode haver uma força poderosíssima que criou tudo o que existe e que denominamos Deus. A Ciência também chegou à conclusão simples de que não há efeito sem causa. E se a causa não foi o homem, somente pode ter sido Ele, Deus, quem criou o início, a vida, pai.

– Mas a morte...

– A morte não pode existir, pai. O senhor acha que Deus criaria seus filhos para serem exterminados?

– Penso que não. Mas por que estamos falando de morte novamente? Está querendo me dizer alguma coisa?

– Do que o senhor estava desconfiado, pai?

– Já lhe disse: que, talvez, eu tenha morrido.

– Mas a morte não existe. O corpo de carne, o corpo mais material, morre, e sua constituição transforma-se na terra, mas a alma, o Espírito, continua vivo.

– Tales, por favor, seja mais franco comigo.

– O senhor estaria preparado para uma verdade, pai?

– Depois de tudo o que já passei, estou preparado para qualquer coisa, filho.

– Muito bem, papai. Como já lhe disse, a vida não termina com a morte do corpo material, e a verdadeira vida, na verdade, é a espiritual.

– Você já me disse isso, filho. Por favor, seja mais direto.

– Está bem. O senhor e a mamãe já deixaram o corpo e encontram-se aqui, na dimensão do Espírito.

– É o que eu imaginava. Há quanto tempo, filho?

– Há dez anos, papai.

– Meu Deus! Dez anos?! Mas onde estive por todo esse tempo?!

– Melhor não saber, pai. O que interessa, agora, é o presente e o futuro.

– Mas espere aí. E você?! Morreu moço?!

– Não, pai. Eu ainda me encontro na Terra.

– Filho, como vou entender tudo isso? Se não morreu, como pode estar aqui, falando comigo?

– O senhor ainda tem muito que aprender, meu pai, mas vou adiantar-lhe o que está acontecendo a fim de que não fique tão agoniado. Preste atenção: todos nós, filhos de Deus, somos Espíritos e temos um corpo para podermos viver e aprender na Terra, na convivência com outras criaturas e com as dificuldades inerentes ao planeta. Acontece que, quando dormimos, nós, Espíritos, podemos nos afastar do corpo material e vir ter no mundo espiritual. Quando retornamos e acordamos, não nos lembramos sobre o que fizemos aqui e lembramo-nos, quase sempre, dos sonhos do cérebro material. Isso o senhor irá aprender mais detalhadamente. O que preciso lhe dizer é que isso está acontecendo comigo neste momento.

– Mas se já se passaram dez anos que morri, quer dizer, que meu corpo morreu, então, você deveria ter hoje trinta e três anos. Mas e essa sua aparência? Ainda parece aquele "garotão" de vinte e três...

– Foi preciso, papai, que naquele bar eu me apresentasse ao senhor da maneira como o senhor se lembrava de mim, entende? Então, com a ajuda dos Espíritos, tomei esta forma mais moça.

– E como você se encontra agora, Tales?

Nesse momento, José, Arlindo e Gilson aproximam-se mais e, envolvendo Tales com suas vibrações, iniciam o processo de retorno à sua atual aparência, sob o olhar admirado de Teodoro.

– Tales, que transformação...! De qualquer maneira, não mudou muito e está muito bonito.

– Obrigado, papai.

– Mas conte-me mais. Você se casou?

– Casei-me sim, pai.

– E com quem se casou? Eu a conheço?

– Conhece sim, pai. Ela se chama Nelly.

– Nelly? Esse nome não me é estranho...

– Um dia, poderá nos visitar na Terra.

– Como você sabe de toda essa história a respeito dos Espíritos?

– Sou espírita, pai.

– Já ouvi falar dessa religião. Eu tinha um amigo que era espírita, o Laerte, da padaria. Ele me dizia que os espíritas, em reuniões que realizavam, conversavam com

Espíritos. O Laerte já deve ter morrido também, porque... Meu Deus!

– O que foi, papai?

– Agora... pensando bem... e fazendo as contas... Estou com cinquenta e sete anos e, bebendo tanto, devo estar horrível.

Tales começou a rir.

– Do que está rindo, filho? Devo estar mesmo com uma aparência horrível.

– Nem tanto, papai. O tratamento pelo qual passou para se desintoxicar e recobrar a consciência fez com que tivesse a aparência melhorada... vamos dizer... até a um ponto em que não irá assustar ninguém e nem a mamãe, que está ali na porta para visitá-lo.

– Hermelinda?! Ela está aí?

– Entre, mamãe. Agora, pai, vou deixá-los a sós, pois necessito retornar à Terra.

– Dê-me um abraço, Tales. E que Deus o abençoe.

– Isso mesmo. Nunca se esqueça de Deus e agradeça sempre a Ele por tudo o que está recebendo.

– Eu o amo, filho.

– Eu também o amo, papai.

Capítulo 13

NO INÍCIO DA NOITE do dia seguinte, após diversos afazeres na clínica, atendendo a variadas providências como integrantes de uma das equipes de recepção a Espíritos que chegavam ao local, Irmã Lúcia e Nelly voltaram a encontrar-se com Maria Tereza, que ainda se encontrava em seu quarto.

– E, então, Tereza? Está se sentindo melhor hoje?

– Boa tarde, Irmã Lúcia. Boa tarde, Nelly. Sinto-me um pouquinho melhor, sim, principalmente depois da visita de vocês.

Irmã Lúcia e Nelly sentaram-se uma de cada lado da paciente, após elevarem o encosto da cama a fim de colocá-la numa posição que facilitasse a sua visão sobre as duas.

– E pensei bastante nas perguntas que me fez, Nelly.

– E chegou a alguma conclusão, Tereza? – perguntou a Irmã.

– Quanto à primeira pergunta, que se refere a "como seria a vida de uma mãe, que estivesse vivendo num Paraíso, se soubesse que o filho se encontrava sofrendo no inferno e se ela conseguiria ser feliz nesse Paraíso", devo dizer que acho que essa mãe não seria feliz, não.

– Você tem plena convicção disso, minha amiga?

– Tenho sim, Irmã Lúcia. Tenho sim. Ninguém conseguiria ser feliz sabendo que um ser amado se encontra sofrendo, não? Mas como explicar isso? O Céu não é um lugar de felicidade? Se formos pensar dessa maneira, acredito mesmo que o Céu estaria quase que vazio, não é mesmo?

Irmã Lúcia, nesse momento, olhou para Nelly como que a lhe lembrar que ela teria de conversar sobre esse assunto.

– É isso mesmo, Tereza – respondeu, então, Nelly –, como a Irmã Lúcia já lhe explicou ontem, seria muita pretensão nossa acharmo-nos com mérito para irmos para um Paraíso se nem passamos por todas as experiências da vida para demonstrarmos que temos condições para tanto.

– Eu entendi perfeitamente isso, Nelly, e, dessa forma, muitas conclusões modificaram-se dentro de mim.

– E também Jesus nos ensinou que, se fôssemos bons e não pecássemos, iríamos para o Céu, não é?

– Sim.

– E aprendemos que ser bom não significa apenas não cometer o mal, mas, principalmente, fazer o bem. E que, para tanto, teríamos que viver muitas vidas, não?

– Realmente, você tem razão, Nelly. E pensei também sobre a outra questão que me propuseram raciocinar, referente ao fato de como Deus seria capaz de condenar uma criatura a padecer num inferno eterno se nem um pai terreno, que ama o filho, seria capaz de fazer isso.

– E a que conclusão chegou, Tereza?

– Bem... Fiquei um pouco confusa, pois sempre acreditei na existência de um inferno eterno, onde as almas pagassem por seus erros. Mas quando a Irmã Lúcia me acenou com o fato de um pai, que realmente ama seu filho, estar sempre disposto a perdoá-lo e dar-lhe novas oportunidades, por que Deus não faria o mesmo, sendo Ele misericordioso? Até mesmo pelo fato de Jesus recomendar-nos sempre o perdão ao semelhante...

– Pois é isso mesmo, Tereza. Seu raciocínio está correto, e percebeu que basta que raciocinemos, afinal de contas, Deus nos criou com inteligência para isso.

– E pelo que posso imaginar e compreender, a oportunidade que Deus oferece aos Seus filhos seria a da reencarnação?

– Isso mesmo, minha irmã – respondeu Nelly.

– E como seria isso?

– Vamos começar imaginando o caso de uma mãe que deseja resgatar seu filho de um local de padecimentos. Como ela poderia conseguir isso? Em primeiro lugar, essa mulher, com o auxílio de outros Espíritos, trabalhadores a serviço de Jesus, procuraria convencê-lo a reconhecer o mal cometido, a arrepender-se de coração e a seguir o caminho do bem, entende?

– Sim...

– Porque é importante frisar, Tereza, que tudo depende da vontade do Espírito, de seu livre-arbítrio. Agora, é necessário também ressaltar que, mesmo que não o consiga imediatamente, com certeza, um dia, depois de tantos padecimentos causados por ele próprio, essa criatura acabará por decidir-se à mudança. O que não se pode aceitar é que esse sofrimento seja eterno e punitivo, sem que se possa utilizar o amor em auxílio dos que sofrem.

– Compreendo.

– E, geralmente, o que faz com que Espíritos permaneçam por mais ou menos tempo nesse sofrimento íntimo, no qual, na maioria das vezes, aprisionados por outros Espíritos, são obrigados por eles a praticar o mal, através de obsessões a encarnados, são os desejos de vingança ou a revolta contra Deus, simplesmente porque não conseguem compreender a finalidade das dificuldades da vida como instrumentos de aprendizado.

– Eu já li em algum lugar, quando na carne, que, muitas vezes, o homem que praticou o mal necessita, a pedido dele mesmo, sofrer com esse mesmo mal para que, sentindo na própria pele, possa avaliar a extensão desse ato. E assim não mais o cometa.

– Pois é isso mesmo, Tereza. Além do que, há ódios tão intensos que somente poderão ser vencidos através de uma nova vida na carne.

Nesse momento, Irmã Lúcia tomou a palavra:

– Também é necessário que atente para um detalhe, Tereza, e isso é muito fácil para você, pois já se encontra neste verdadeiro plano da vida e sabe que, quando um Espírito desencarna, ele não abandona os seus vícios e nem as suas virtudes.

Passam, sim, a habitar a dimensão espiritual, em planos inferiores ou superiores, atraídos pelo convívio com os Espíritos que lhes são mais afins. E se odeia alguém, seja esse alguém encarnado ou desencarnado, continua com esse ódio no coração.

Desculpe-me pela intromissão, Nelly, mas achei que seria importante fazer essa ressalva.

– Muito importante mesmo, Irmã Lúcia.

– E você estava dizendo sobre a necessidade de uma nova vida a fim de extinguir um ódio intenso. Poderia me explicar melhor, talvez com um exemplo, Nelly?

– Sim, e estou lembrando-me de um exemplo que li um dia em um livro e que retrata muito bem essa situação, inclusive no que se refere à bênção do esquecimento do passado.

Vamos imaginar uma pessoa que tenha um ódio muito intenso por outra, por causa de algum grande mal que esta lhe causou. Com certeza, quando da morte do corpo físico, já no Plano Espiritual, esse ódio deverá acompanhá-la. E como seria a melhor maneira de ela livrar-se desse infeliz sentimento, que tanto a faz sofrer? Porque, na verdade, o ódio traz enorme sofrimento a quem o sente. Apenas trocando esse ódio por amor. E, para tanto, vai aqui um simples exemplo:

Imagine que você tenha um ódio muito grande por alguém e que, após algum tempo no Plano Espiritual, você reencarne, cresça, dê início a uma família, tenha um filho e que esse seu filho seja essa pessoa, esse Espírito a quem você tanto odiava.

Agora, não se recordando de que esse seu filho era

aquele mesmo Espírito, a quem tanto ódio nutria, o que vai acontecer?

Com certeza, não se lembrando da vida passada, vai amá-lo desde pequenino, vai vê-lo crescer, vai educá-lo e, se um dia, quando novamente liberto da matéria, vier a lembrar-se de tudo o que aconteceu e que ele foi no passado aquele Espírito que tanto mal lhe causou, não vai mais conseguir odiá-lo, porque já trocou esse ódio pelo amor.

– Meu Deus! – exclamou Tereza. – Como tudo é tão simples!

– As próprias lições de Jesus são muito simples, Tereza. Tão simples, que Ele as resumiu em duas condutas: primeira, amar a Deus, ou seja, crermos na Sua existência e sermos agradecidos por ter-nos criado e constantemente nos auxiliado; segunda, amar o próximo como a nós mesmos e até os nossos próprios inimigos.

– Bem, Tereza – disse Irmã Lúcia –, agora, temos de ir. Amanhã, retornaremos.

– Que Deus as abençoe – desejou Tereza, bastante emocionada e satisfeita com tudo o que estava aprendendo.

As amigas, então, saíram da clínica, e Irmã Lúcia pediu a Nelly que fosse para o alojamento, pois poderia ocorrer de Paulo e Norma virem avisá-la de um novo possível encontro com Tales.

– Pode ser também que não ocorra, não é, Irmã?

– Sim. Sempre vai depender da disposição e da vibração mental de seu marido ou das suas atividades durante a noite, antes de recolher-se para dormir. E, é claro, das suas próprias ocupações aqui no Plano Espiritual, Nelly.

– Eu compreendo. De qualquer forma, vou orar muito para que tudo dê certo.

– É importante entender que diversos entraves podem ocorrer e que impeçam o contato, minha amiga. Tenha paciência e compreensão.

– Terei, Irmã Lúcia. Pode ficar tranquila.

Já no alojamento, Nelly perguntou:

– Irmã Lúcia, eu gostaria muito que me explicasse se esta colônia possui outros tipos de serviços além dos desta clínica que habitamos.

– Este local, onde nos encontramos, Nelly, possui três clínicas: esta, de recuperação e de esclarecimento, outra, de tratamento para viciados, desde o alcoolismo até drogas mais pesadas, e mais uma, para tratamento de doenças psíquicas. Também possuímos o departamento de socorro e resgate de irmãos que se encontram no umbral e que se disponham a uma mudança ou que, cansados de sofrer pela revolta, pelo ódio, pelo vício e por tantos outros equívocos, rogam auxílio a Deus, com sinceridade.

Tudo o que aqui utilizamos, como roupas, utensílios diversos, alimentos, aparelhos que você ainda desconhece, instrumentos cirúrgicos mais avançados, veículos, matérias-primas, produtos de higiene, enfim, o que necessitamos, é manufaturado ou fabricado em cidades que se incumbem desse trabalho.

Nesta dimensão, mais próxima da Terra, o trabalho físico ainda é a ferramenta necessária para a nossa evolução. Quando for permitido, no momento apropriado, você poderá visitar uma cidade dessas.

Sabe, Nelly, quando encarnados, imaginamos que a vida, no Plano Espiritual, seja apenas de contemplações e alegrias, mas você está comprovando que não é assim. No caminho da evolução espiritual não há saltos, nem bruscas mudanças, e ainda necessitamos de muito aprendizado para conquistarmos a real felicidade, que somente será alcançada quando aprendermos que ela é fruto do amor aos nossos semelhantes.

E, para isso, é imprescindível o trabalho constante.

– Obrigada pelas explicações, minha amiga.

Capítulo 14

ERAM PERTO DE DEZ horas da noite, e Tales já se encaminhava em direção ao quarto quando deteve os passos a meio caminho e, lentamente, entrou em um cômodo que lhe servia de escritório, acendeu apenas a luz de uma luminária que se encontrava sobre uma grande mesa, abriu um armário que continha álbuns de fotografias e apanhou pequena caixa de madeira.

Sentou-se, abriu-a, passando a examinar, detidamente, alguns poucos objetos que ela continha, e depositou-os carinhosamente, um ao lado do outro, sobre o tampo da mesa, até que, por fim, retirou dela um pequeno envelope amarelecido.

Abriu-o com muito cuidado, retirando, de seu interior, uma foto bastante antiga, em meios-tons, característica das fotografias dos anos 60, quando fotos em cores ainda eram muito caras e nem tão perfeitas como hoje.

Aproximou-a um pouco da luz e sorriu. O rosto de Nelly, com dezenove anos, estava radiante, e seu sorriso parecia envolvê-lo, mesmo tendo sido fotografada quatro anos antes de eles se conhecerem.

Para ele, essa foto era especial, motivo pelo qual ele a guardava naquela caixa, e, envolvido por aquela imagem, recordou-se de quando Nelly descreveu romanticamente o que se lembrava daquele momento quando posara para o fotógrafo. Ela havia dito:

– **Tales, tenho certeza de que quando a tirei, eu realmente sorria para você, mesmo sem, praticamente, conhecê-lo.**

– **Como assim? – perguntou, bastante curioso e enlevado pela sincera e doce voz da esposa.**

– **Recordo-me de que, nessa época, nos meus apenas dezenove anos e sonhadora como sempre fui, vivia uma fase de muito romantismo.**

– **Mas onde entro eu nessa história? Você nem me conhecia.**

– **Realmente, não o conhecia, mas foi uma época em que acreditava que iria encontrar o grande amor da minha vida. E esse meu sorriso foi fruto desse estado ro-**

mântico que vivia intensamente, apesar de não ter ainda conhecido ninguém.

Tales sorriu ao lembrar-se disso e começou a recordar-se do dia em que realmente se conheceram, pois apesar de seu pai ter sido sócio do pai dela, ele havia saído da cidade para estudar em uma Faculdade, e ela, feito o mesmo após dois anos. Quando crianças, pouco tinham estado juntos ou, pelo menos, brincado juntos.

Foi no ano de 1960, quando do sepultamento de seus pais, vítimas de um desastre automobilístico, fato bastante sentido e comentado na pequena cidade do interior onde viviam, que ele e Nelly se reencontraram. Tales tinha 23 anos de idade e Nelly, 21.

Seu pai, Teodoro, e sua mãe, Hermelinda, estavam trafegando por uma estreita estrada vicinal, de chão batido de terra, quando Teodoro, embriagado que se encontrava, perdeu a direção do veículo, vindo a despencar de considerável altura, numa íngreme ribanceira.

Eram dezenove horas e havia chovido durante quase todo o dia, o que tornara a estrada por demais escorregadia.

Vinham retornando de uma fazenda de propriedade de Hermógenes, irmão de Hermelinda, um bondoso homem que, assim como sua esposa, Glória, sempre se encontrava disposto a auxiliar quem dele necessitasse, além de ser muito respeitado e admirado pelos habitantes do município e amado pelos funcionários da fazenda.

Já passava das vinte e três horas, quando Tales, ainda acordado, ouviu batidas na porta de sua casa. Era seu tio Hermógenes que viera lhe dar a triste notícia, inicialmente camuflada, dizendo-lhe que seus pais se encontravam hospitalizados. Somente a caminho do hospital, Hermógenes estacionou a caminhonete e revelou ao sobrinho a gravidade da situação, dizendo-lhe que o levara até ali a fim de que os corpos, já dispostos em duas urnas mortuárias, fossem levados até sua casa, onde ocorreriam o velório, as preces, e que o sepultamento ocorreria no dia seguinte, à tarde.

– Papai estava embriagado, tio?

O homem baixou o olhar e respondeu com notado sentimento de culpabilidade.

– Estava sim, Tales. Ele e sua mãe passaram o dia lá na fazenda, e insisti muito para que ele não bebesse tanto, mas você sabe...

– Sei, tio, e penso que o senhor não deve se sentir culpado por isso. Papai era muito teimoso, e a bebida fazia parte constante de sua vida. E mamãe sempre o prevenia, porém...

Nesse instante, lágrimas brotaram em abundância dos olhos do rapaz.

Mamãe acabou sofrendo as consequências disso, não? Ela que nada tinha a ver com esse vício dele... Ele a levou consigo...

– Não pense assim, Tales. Não o culpe. Deus sabe o que faz.

– Também penso assim e nem devo culpá-lo e, se o senhor quer saber, não penso em culpar a ninguém por isso.

– Você está certo, Tales, pois apesar de tudo o que aconteceu entre Teodoro e Narciso, ele também não tem culpa de seu pai ter-se refugiado no álcool.

– Sabe, tio, na verdade, nem sei o que realmente aconteceu entre eles, ou seja, quem, na verdade, estava com a razão... Afinal de contas, até hoje, só tive conhecimento do que papai dizia.

***

Quando Tales avistou sua casa, já percebeu a grande movimentação de pessoas, com certeza, vizinhos e conhecidos. E, assim que o tio estacionou a caminhonete, no meio-fio da calçada oposta, a primeira coisa que notou foram as duas peças, de tecido preto, afixadas no batente superior da porta de entrada, como era costume naquela época.

Não havia mais dúvidas: seus pais estavam mortos, fato que, apesar de ter sido relatado pelo tio, talvez, pelo choque que havia sentido, quase não conseguia acreditar.

Apeou do veículo e dirigiu-se a passos largos até a porta de entrada, afastando os tecidos e olhando para o interior da sala.

Era uma casa com cômodos grandes, janelas voltadas para a rua e enorme portão ao lado do portãozinho de entrada, que dava para um pequeno jardim e, depois, para uma área externa e coberta, antes da sala principal.

Glória, sua tia, assim que o viu, apressou-se em abraçá-lo, tentando dar-lhe consolo, apesar de seu choro estrangular-lhe as palavras na garganta.

– Tales... Meu querido! Que tragédia!

O moço, por sua vez, tentava, delicadamente, desvencilhar-se de seu abraço, com a intenção de aproximar-se dos caixões. E, por fim, conseguiu, enlaçando a tia pelos ombros e caminhando com ela, postou-se ao centro das duas urnas para poder visualizar os dois seres mais queridos e adorados por ele.

– Meu pai... Minha mãe... Por que, meu Deus...?

Incontinênti, o tio abraçou-o pelo outro lado e prometeu-lhe, em voz baixa, ao ouvido.

– Não se preocupe com nada, Tales. Cuidaremos de você.

E a tia, ouvindo isso, apertou-lhe a mão, confirmando:

– Como se fosse nosso filho, assim como Clemente.

E o rapaz beijou a face dos dois, em agradecimento.

Nesse momento, Tales, emocionado com as lembranças, sentiu repentino sono e, guardando a foto de Nelly, rumou para o seu quarto. Deitou-se e proferiu sentida prece, solicitando que, se fosse possível, pudesse encontrar-se com a esposa quando se desprendesse do corpo.

E, assim que adormeceu, encontrou-se com Paulo e Norma, que já o aguardavam, e, então, os três realizaram, da mesma forma, a viagem até o jardim, onde Nelly o esperava, avisada que fora pelos amigos, antes de partirem em busca de Tales.

– Nelly! Graças a Deus, o que eu imaginei estar acontecendo, quando acordado, é verdade! – exclamou o marido, abraçando a esposa, com muita emoção e cheio de saudade.

– Oh, Tales, que bom que você veio! – disse Nelly, correspondendo ao carinhoso abraço, osculando a sua face, enternecidamente. – Mas, venha, vamos nos sentar ali.

E, como na noite anterior, não soltaram mais as mãos, entrelaçadas.

– Agora, lembro-me de tudo sobre a noite passada.

– Você se lembra?

– De tudo, Nelly.

– Que bom, Tales. Graças a Deus. E quando acordou?

– Foi impressionante, querida. Acordei estranhamente feliz, consolado e cheio de esperança. Até cheguei, em seguida, a sentir-me um pouco decepcionado comigo mesmo por estar me sentindo assim. Mas a felicidade não me abandonava e comecei a imaginar que, talvez, tivesse me encontrado com você durante a emancipação do Espírito. E tentei lembrar-me de alguma coisa e parecia que, repentinamente, acabaria por alcançar esse intento, mas, nada.

– Eu já tive essa sensação por diversas vezes, quando, acordando, sabia ter sonhado com algo ou alguém e tentava me lembrar. Parecia que estava, como se diz, "na ponta da língua", mas não conseguia. Foi mais ou menos assim?

– Pois foi assim mesmo, até que resolvi olhar para o relógio para ver que horas seriam, tentando adivinhar e, antes de acender o abajur para enxergar o relógio, cheguei a sussurrar o número 79.

– Você se lembrou?

– Lembrei-me, Nelly, mas somente do número, e cheguei a visualizar, na mente, você me dizendo "Nelly, 79".

– Que bênção, Tales!

– E comecei a desconfiar que havia sido você quem me falara isso, talvez, querendo me revelar alguma coisa.

– E daí?

– Então, para não me esquecer, escrevi "Nelly79" num pedaço de papel e o afixei na geladeira com um imã.

– E, agora, você se lembra de que fui eu quem lhe falou?

– Claro, lembro-me de tudo o que conversamos ontem à noite e de você dizendo-me que esse número seria uma espécie de enigma e que o repetiria para mim todas as vezes que eu viesse aqui, até que eu me lembrasse dele e procurasse descobrir o significado, acreditando, dessa forma, que realmente eu me encontrava com você. E ainda me recordo muito bem de que você achava que um simples número seria mais fácil de eu registrar na memória de meu perispírito do que uma frase ou pensamento.

– Meu Deus, na primeira noite, já conseguiu se lembrar!

– Sim, e agora que já o tenho...

– Num pedaço de papel afixado na geladeira... – complementou Nelly, rindo, divertida.

– Você acha graça, porque não sabe o que é tentar descobrir um enigma e, ainda pior, acreditar que ele exista – disse o marido, rindo também. – E agora que o sei, por que não me revela o que esse número representa?

– Não, Tales. A descoberta do que ele significa é que o fará acreditar mais ainda que se encontra comigo durante o sono.

– É... Você tem razão e é muito inteligente.

– Pois se quer saber, considero-me a mais inteligente das mulheres da nossa cidade.

– Você não acha que está sendo por demais presunçosa?

– Apenas estou dizendo que sou a mais inteligente porque casei-me com você.

– Bem, partindo desse princípio, posso assegurar-lhe que sou mais inteligente do que você.

– Pois tem toda a razão – concordou Nelly, rindo mais ainda com a brincadeira.

E Tales muito se divertia e não cabia em si de tanta felicidade em ver a amada esposa tão alegre e jovial, até que passaram a olhar-se fixamente como se aquele instante fosse único e somente deles.

Permaneceram um pouco em silêncio, até Nelly perguntar:

– Tales, você estava pensando em mim antes de dormir?

– Penso o tempo todo em você.

– Acredito, mas algo em especial?

– Por que me pergunta isso?

– Porque eu estava em meu alojamento, aguardando alguma notícia sua, através do Paulo, e senti-me bastante ligada a você. Deixe-me explicar-lhe uma coisa: nós, Espíritos, libertos do corpo, temos uma certa capacidade de sentir emoções advindas de Espíritos que muito amamos, estejam eles encarnados ou desencarnados. E senti que você poderia estar pensando fixamente em mim.

– E eu estava sim, Nelly. Antes de deitar-me, fui ao

escritório e apanhei em minha caixa de recordações aquela foto que você me deu logo que nos conhecemos.

– Aquela que tirei quando tinha apenas dezenove anos? Você ainda a tem?

– Tenho. Fiquei a olhá-la com muita saudade e comecei a recordar-me daquela noite em que nos encontramos no velório de meus pais.

– E foi quando tudo começou, não? Pelo menos para mim, pois sei que me apaixonei por você naquela noite.

– E eu também.

– E fiquei por pouco tempo a recordar-me, pois o sono chegou poderoso, o que me fez ir para o quarto e adormecer rapidamente.

– E do que você se lembrou?

– Lembrei-me desde o momento em que soube da morte deles, através de meu tio, até o instante em que, abraçado a eles, deixei-me permanecer junto aos dois caixões.

– Falamos muito pouco sobre esses momentos, não, Tales?

– Isso é verdade, apesar de que, por muitíssimas vezes, fiquei rememorando todos os momentos de nossa vida, principalmente quando me encontrava sozinho.

– Também faço isso e, para mim, parece-me que foi ontem.

Após alguns segundos de silêncio, Tales perguntou:

– Nelly, você já teve notícias de seus pais e dos meus?

A esposa sorriu e, já sabendo, através da Irmã Lúcia, que poderia contar a Tales, respondeu-lhe:

– Já, sim, Tales. Estive com os quatro, e encontram-se bem, inclusive trabalhando e, acredite, juntos.

– Juntos?

– Isso mesmo. Meu pai e o seu são novamente grandes amigos.

– Meu Deus! E como foi isso?

– Graças a você, Tales.

– Graças a mim?!

– Vou lhe contar.

E Nelly contou ao marido tudo o que acontecera com o seu pai, conforme lhe fora revelado por Teodoro e Hermelinda.

Tales não conseguiu conter as lágrimas e apenas abraçou a esposa, sem articular nenhuma palavra, pois ficara presa na garganta, pela emoção. Quando, enfim, recuperou o controle, pronunciou-se.

– Passamos por muitas dificuldades, não, Nelly?

– Passamos, sim, mas nada que não tivéssemos tido a felicidade de vencer.

– Penso que foi porque éramos muito teimosos, não? – perguntou Tales, rindo.

– E ainda o somos, certo?

– Tanto que ainda estamos juntos.

– E mesmo sendo eu "uma fantasma"! – brincou Nelly, rindo, com discrição, mas divertindo-se muito com aquilo.

Capítulo 15

– VOCÊ FICA AINDA mais bonita quando ri.

– Obrigada, Tales. Agora, gostaria de narrar-lhe com mais detalhes, pois, neste plano, minha memória encontra-se mais rica, como foi que eu acabei indo até o velório de seus pais, apesar da guerra entre o seu pai e o meu.

– Pois conte, Nelly. Gosto muito de ouvir sua voz, principalmente, contando alguma história.

– Pois bem, mas desde que não acorde – propôs a mulher, rindo ainda mais com o que dissera.

Tales encarou-a muito sério e disparou:

– Nelly, geralmente, a gente pede para que ninguém durma enquanto estamos falando sobre alguma coisa. E você me pede para que eu não acorde?

– Tudo bem, Tales, então, não vá dormir e nem acordar.

Novos risos abafados ressurgiram até que Nelly iniciou a narração.

Já era quase meia-noite e meia quando Rosa, mãe de Nelly, atendeu a uma vizinha que lhe batia à porta para avisá-la sobre o falecimento de Teodoro e de Hermelinda. Agradeceu a gentileza da mulher e foi ter novamente ao quarto onde Narciso, seu esposo, dormia a sono solto.

– Narciso! Narciso! Acorde, homem!

Levou alguns segundos para que conseguisse despertá-lo.

– O que foi, mulher? O que aconteceu?

– O Teodoro, Narciso! O Teodoro e a Hermelinda!

– Teodoro? Hermelinda? O que houve?

– Eles estão mortos, Narciso.

Nesse instante, o homem acordou realmente.

– Estão mortos?! Mas como?!

– Um desastre, marido. A vizinha quem veio me avisar. Ela soube que eles estavam voltando da fazenda do Hermógenes e que despencaram com o carro naquela ribanceira.

– Tombaram com o carro?!

– Isso mesmo. Ela disse que lhe falaram que devem ter morrido na hora, pois um outro veículo, que vinha atrás, parou para socorrê-los e, quando o motorista chegou até eles, já se encontravam mortos.

Narciso parou um pouco para raciocinar melhor sobre o que a esposa lhe estava relatando e falou, rispidamente:

– Com certeza, Teodoro devia estar embriagado! Como sempre está!

– Não fale assim, Narciso. Você não sabe sobre o verdadeiro motivo do acidente.

– Olhe, Rosa, pode ser que o motivo do acidente tenha sido outro qualquer, mas, com certeza, ele estava bêbado e não teve condições e raciocínio para evitá-lo.

– Ele está morto, Narciso! Não devemos falar assim dos mortos!

– Pois eu pouco me importo! Teodoro está morto, e eu não sinto nem um pingo de dó! Já foi tarde! Salafrário! E até sua esposa, que o apoiava em tudo! – falou, quase gritando.

– Isso não é verdade, Narciso. Hermelinda era uma boa mulher e se o apoiava, talvez o fizesse por medo dele.

– Que nada, Rosa! São todos da mesma laia! O Teodoro, a Hermelinda, seu filho Tales, Hermógenes, Glória e o filho deles também! Tudo da mesma laia!

E agora, colérico, o homem falava com volume de voz bastante alto, o que fez com que sua filha, Nelly, acordasse e pudesse ouvir sua última frase. E, levantando-se, dirigiu-se até o quarto dos pais, batendo com os nós dos dedos na porta.

– É você, filha? – perguntou Rosa, ao mesmo tempo em que a abria.

– Somente eu bateria em sua porta nesta hora. Mas o que está acontecendo? Papai está tão nervoso... E você também, mamãe, parece-me um tanto agitada.

– O que aconteceu foi que Teodoro e Hermelinda morreram num acidente de carro.

– Um acidente?

– Teodoro só podia estar bêbado, filha! Foi na estrada da fazenda do irmão de Hermelinda, quando deve ter perdido a direção do veículo e caiu naquela ribanceira.

– Meu Deus! – exclamou a moça, levando a mão direita, em concha, sobre os lábios. – De qualquer forma, papai, penso que o senhor não precisa falar dessa maneira.

– Pois era justamente sobre isso que estávamos

discutindo. Eu disse a seu pai que devemos respeitar os mortos.

– Também acho – concordou a filha –, mesmo porque, o senhor não pode afirmar que ele estivesse bêbado.

– Pois eu tenho certeza disso, filha! – insistiu, exasperado, o homem – Depois do que nos fez!

– E o que foi que ele fez, papai? Sei que houve um desentendimento entre vocês e que o senhor acabou comprando a parte dele na sociedade, mas não estou a par dos detalhes que levam o senhor a tamanha revolta. Vejo ódio em seu olhar toda vez que fala dele.

– É uma longa história, filha, e qualquer hora, que seja mais propícia, eu lhe contarei.

Na verdade, Nelly pouco sabia a respeito da dissolução da sociedade entre seu pai e Teodoro na bem montada loja de joias e relógios, que propiciava, às duas famílias, uma boa renda. Pouco sabia, porque passara os últimos quatro anos estudando na capital e somente agora voltara. Iria dar aulas de Ciências numa conceituada escola pública da cidade, através de um concurso que prestara e que obtivera uma das melhores notas, o que lhe propiciou a oportunidade de lecionar em sua cidade natal.

– E Tales, mamãe? Faz muito tempo que não o vejo.

Na verdade, quando saí para estudar, ele já ingressara numa Universidade havia dois anos. Lembro-me de que ele era muito tímido. E depois não nos falamos mais porque papai e seu Teodoro romperam com a sociedade e também, pelo que pude perceber, com a grande amizade que os unia.

– Um incompetente como o pai, filha! – sentenciou Narciso, com rudeza.

– Incompetente?

– Foi o que eu disse! Um incompetente! Abandonou os estudos e passou a trabalhar como representante de relógios e venda de anéis de formatura.

– Como assim?

– Ele viaja, vendendo relógios para relojoarias, e visita escolas, oferecendo anéis de formatura para os formandos.

– E isso não é um bom trabalho?

– O que sei é que nunca me ofereceu nenhum de seus relógios, e eu também não iria comprá-los dele.

– Não foi bem assim, Narciso – retrucou Rosa. – Ele foi obrigado a abandonar os estudos porque Teodoro faliu com o novo negócio e não tinha mais como pagar a Faculdade.

– Pois dá tudo na mesma! Uma família falida que quer, porque quer, tomar-me mais dinheiro na justiça.

– Na justiça, papai?! Por quê?

– Vamos falar sobre isso outro dia, filha. Agora, vamos dormir.

E já estava começando a pousar a cabeça no travesseiro quando, repentinamente, sua esposa afirmou de maneira categórica e firme:

– Eu vou ao velório, Narciso!

– O quê?! Vai ao velório?! Não permito que você faça uma coisa dessas, Rosa!

– Eu tenho que ir, Narciso, e espero que me compreenda – respondeu a esposa, firmemente, apesar de deixar transparecer um certo temor.

– Mas...

– Ouça-me um pouco, homem... Por favor. Está certo que você e Teodoro romperam com a sociedade, que depois ele tentou abrir uma outra loja com o dinheiro que lhe pagamos, uma loja concorrente, que acabou por falir, e que ele entrou com uma ação na justiça, alegando que o enganamos, oferecendo-lhe um valor abaixo do que a loja realmente valia, mas...

– Mas era o valor real da loja! Fizemos um levantamento, ele e eu, juntos.

– Isso não importa agora. O que importa é que eu tinha uma grande amizade com Hermelinda e penso que essa briga sempre foi entre você e ele. De qualquer forma, penso também que tenho de ir. Primeiro, porque ficaria muito ruim perante as pessoas que lá estiverem e, mais importante ainda, perante Hermógenes e Glória, que não tiveram nada com isso.

– Pois com certeza apoiaram Teodoro e Hermelinda.

Mas a mulher não desistiu e continuou:

– Além do mais, não ficaria bem não irmos, até por causa de nossos fregueses ou futuros fregueses. Penso que, se formos, todos que nos virem lá, terão maior simpatia por nós.

– Mamãe...! Que modo de encarar um funeral! Com interesse...!

– Todo comerciante, filha, tem de levar em consideração todos esses fatos e oportunidades. Além do que, as pessoas pouco sabem dessa disputa entre seu pai e Teodoro. Temos que, pelo menos, demonstrar a nossa educação.

Narciso permaneceu por alguns segundos em silêncio, pensativo, e resolveu:

– Tudo bem, você tem razão. Vá se aprontar, então. Você também, Nelly. Peço-lhe que nos acompanhe.

– Eu vou – respondeu a moça –, mas será que Tales irá nos receber bem?

– Se não receber, ficará ruim para ele. De qualquer forma, não lhe darei os pêsames e nem você, Rosa – respondeu Narciso.

Rosa ficou pensativa por alguns momentos, antes de emitir a sua opinião.

– Também tenho um pouco de receio, pois não consigo imaginar qual será a reação dele, até porque, deve se encontrar bastante fragilizado com o que aconteceu. Pretendo aguardar um pouco, analisando-o, antes de cumprimentá-lo.

– Faça como achar melhor, Rosa. Eu não vou fazer nada, a não ser mostrar a minha presença.

– Quanto a mim – disse Nelly –, não tenho motivos para temer qualquer coisa. Irei prestar-lhe os meus sentimentos pela morte de seus pais.

Capítulo 16

– REALMENTE – interrompeu Tales, abraçando Nelly pelos ombros e trazendo-a para junto de si, o que fez com que ela apoiasse a cabeça em seu ombro –, vocês não sabiam como seria a minha reação, mas, naquele momento, eu não tinha pensamentos para mais nada, a não ser na desgraça que havia ocorrido com meus pais.

– O que você pensava, Tales? – perguntou a esposa, um pouco apreensiva com o fato de que, repentinamente, o corpo do marido, na Terra, acordasse, fazendo-o retornar. Queria que aquele momento se eternizasse, pois sentia-se muito feliz, tendo o esposo ali, ao seu lado, no Plano Espiritual.

– Pensava em muita coisa, apesar de minha mente encontrar-se bastante confusa.

– Conte-me...

Tales encontrava-se sentado em uma cadeira, tendo

ao seu lado o tio e a tia. Cabisbaixo, lembrava-se dos tempos de criança.

Nascera e sempre vivera naquela casa, não se recordando de nenhum momento infeliz junto a seus pais. Mas recordava-se de que, quando adolescente, sempre ouvia o pai dizer à sua mãe que não se encontrava contente com o rumo que a loja de joias e relógios estava tomando.

Que Narciso era muito antiquado e que ele gostaria de que o estabelecimento comercial acompanhasse mais as tendências do novo tempo, modernizando suas instalações e a maneira de vender.

Que sempre sonhara em transformar aquele simples ramo comercial num negócio de maior prosperidade, que lhes rendesse muito mais. Que até já havia planejado uma nova maneira de vender, através de um carnê que as pessoas pagariam mensalmente, referente a uma certa quantia e que, ao final, receberiam um relógio ou uma joia de determinado valor, concorrendo, mensalmente, a um prêmio e que afirmava já ter visto dar certo com outros tipos de mercadoria, até com programas em um canal de televisão.

E tanto fez, que acabou rompendo a sociedade, vendendo a sua parte e intentando nesse negócio que, no final, não deu certo e acabou perdendo tudo, restando-lhe apenas a casa, um carro, e algumas economias de sua esposa.

E lágrimas vieram aos seus olhos ao lembrar-se do desespero do pai quando percebeu que tudo fora por água abaixo.

Foi quando precisou abandonar os estudos e, com a ajuda do pai, através de antigas amizades, conseguiu começar a trabalhar nesse mesmo ramo, o qual, apesar de não ser tão vantajoso, pelo menos, auxiliava os pais nas despesas da casa.

Tales não era ambicioso, mas sempre imaginava conseguir, um dia, devolver aos pais os mesmos padrões de vida a que estiveram acostumados.

Também lembrava-se de que seu pai vivia angustiado porque achava que seu sócio, Narciso, fizera-lhe uma oferta bastante abaixo do que valia os cinquenta por cento que detinha da loja. E ainda ficara sabendo, por sua mãe, que ele entrara com uma ação na justiça, na tentativa de que ela obrigasse Narciso a pagar-lhe o restante do que presumia ser o verdadeiro valor de sua parte no negócio.

De qualquer forma, nunca soubera avaliar se o pai tinha razão ou não. E tentou ainda imaginar ou lembrar-se, quando fora que seu pai começara a beber tanto, com certeza, frustrado e triste com o que lhe acontecera.

Nesse momento, ouviu um murmurinho por parte dos presentes, até de seus tios, percebendo, imediatamente, a razão: a entrada de Narciso, Rosa e de uma linda moça de cabelos castanhos até os ombros, olhos esverdeados e de um semblante doce e meigo como nunca havia visto em toda a sua vida.

"Seria Nelly?" – pensou. – "Sim, tem os seus traços, apesar de bem diferente da adolescente que conhecera. Só podia ser ela".

E, como que hipnotizado, ficou a olhá-la, somente desviando o olhar quando os olhares se encontraram.

Mas Narciso e a esposa, bem como a jovem, não se aproximaram dele nem dos caixões, como todos faziam, assim que entravam na sala. Limitaram-se a procurar um lugar, próximo a uma das paredes, cumprimentando os poucos presentes naquele momento, pouco mais de uma hora da madrugada.

Tales ficou paralisado, sem saber o que fazer, que atitude tomar, até que, assim que o olhar de Nelly, novamente, cruzou-se com o seu, estranha força o fez levantar-se e dirigir-se até eles, causando apreensão, não só por parte dos três recém-chegados, como também dos presentes, que presenciavam a cena.

Um temor percorreu o pensamento de Narciso,

Rosa, e menos em Nelly, que lhe endereçava um discreto sorriso.

Tales, então, postou-se à frente deles e, sem lhes estender a mão, apenas encarando-os, alternadamente, disse, com muita serenidade:

– Agradeço imensamente a presença e a solidariedade neste difícil momento de minha vida. Que Deus os abençoe.

E, dizendo isso, afastou-se, voltando a sentar-se ao lado dos tios. Narciso sentiu-se desconcertado, pois não esperava essa reação por parte do rapaz e percebera que todos ouviram o que ele lhes dissera.

Rosa, por sua vez, quase veio às lágrimas, enquanto que Nelly não conseguia tirar mais os olhos do rapaz, não somente pelo seu gesto amável como pelos seus traços de homem feito, distante daqueles do adolescente que conhecera, com muitas espinhas a salpicarem-lhe o rosto ainda imberbe.

E Tales e Nelly continuaram, por um bom tempo, a comentar sobre aquele acontecimento que, apesar de muito triste, foi o que deu início a um relacionamento de muita felicidade para eles.

Capítulo 17

NA NOITE SEGUINTE, Tales, na hora aprazada, já se encontrava, juntamente com outros voluntários, distribuindo alimento para os moradores de rua, catadores de recicláveis e outras famílias pobres da periferia.

De repente, percebeu alguém que nunca havia estado ali antes. Tratava-se de um senhor, aparentando mais de setenta anos, que se encontrava a cerca de uns vinte metros de distância do grupo.

Percebia que suas roupas eram velhas, mas não tão sujas como as dos seus velhos conhecidos daquele local. E resolveu perguntar para Romeu, um dos catadores que já havia percebido ser um dos líderes do grupo:

– Romeu, você conhece aquele senhor? Nunca o vi antes.

– Também não o conheço. É a primeira vez que o vejo. Já estava por aqui desde que cheguei com a carrocinha, mas não se aproximou. O Latinha tentou puxar conversa, mas ele não lhe respondeu nada.

– Vou conversar com ele.

E, dizendo isso, Tales aproximou-se do estranho.

– Boa noite, senhor.

O homem olhou fixamente para Tales como que examinando-o, permanecendo alguns bons segundos em silêncio, até responder:

– Boa noite.

– Como é o seu nome?

– Qual o seu? – perguntou.

– Eu me chamo Tales.

O estranho examinou-o por mais alguns segundos.

– Eu me chamo Bergue.

– Bergue?

– É do que me lembro. Já faz um bom tempo que não olho para o meu documento de identidade, e quase ninguém me chama ou fala o meu nome. Somente a Polícia, quando pede o documento e, mesmo lendo, pergunta-me.

– Tudo bem, Bergue...

– O senhor quer ver o documento?

– Pode ser – respondeu Tales, agachando-se perto do homem, que já retirava a identificação de um pequeno saco plástico do bolso do paletó surrado, mas limpo.

Tales o apanhou e viu que estava escrito Berg Hansen e que, realmente, como tinha imaginado, não era Bergue como o desconhecido havia pronunciado, com o "g" carregado como "gue".

– Tudo em ordem, Bergue. Pode guardar sua identidade. Para ser franco, eu não tenho nenhum direito nem obrigação de ver sua documentação e somente olhei porque me ofereceu. E eu agradeço-lhe por sua confiança. E gostaria que você também visse a minha identificação.

– Não há necessidade, senhor – respondeu o andarilho. – Já sei que o seu nome é Tales.

– Tudo bem, meu irmão. Agora, diga-me uma coisa: Você está com fome? Posso lhe oferecer um prato de sopa, um pão e uma garrafa d'água.

– Se o senhor quiser me dar, eu aceito. Estou com muita fome e sede.

– Vou buscar para você. Já volto.

Dizendo isso, Tales foi até a caminhonete, apanhou o prato de sopa, o pão e a água, trazendo-os para Bergue e, novamente, sentou-se ao seu lado.

– Muito obrigado, senhor.

– Não precisa me chamar de senhor, somente Tales, afinal de contas, pelo que vi em sua identidade, é apenas um ano mais novo do que eu.

– Obrigado, Tales – respondeu, começando a comer e tomando um bom gole d'água.

Nesse instante, os olhos do homem começaram a encher-se de lágrimas, e Tales percebeu que ele olhava em direção aos voluntários do Centro, que distribuíam o alimento aos catadores, inclusive balas a algumas poucas crianças, que acompanhavam os pais naquela vida difícil.

– Por que está chorando, Bergue?

Procurando enxugar as lágrimas com as costas da mão desocupada e engolindo o que mastigava, inclusive o "nó" que se instalara na sua garganta, perguntou:

– Por que vocês fazem isso?

– Por que distribuímos alimentos?

– Sim...

– Porque é o mínimo que podemos fazer por essas pessoas que pouco possuem, a não ser a necessidade de sobreviverem. Estamos tentando cumprir, como já disse, o que Jesus nos aconselhou: fazer ao próximo o que gostaríamos que o próximo nos fizesse. E se pudéssemos fazer mais, o faríamos, pois se esse pouco já nos traz imensa sensação de bem-estar...

– Vocês são bons.

– Sabe, Bergue, isso não é bondade, isso é dever, pois enquanto pessoas no mundo passam fome, outras gastam muito dinheiro em futilidades, e só para que você entenda, gostaria de ler uma passagem de um livro intitulado *O Evangelho Segundo o Espiritismo*.

– Vocês são espíritas?

– Espíritas e cristãos, Bergue. Já ouviu falar alguma coisa sobre Espiritismo e Cristianismo?

– Um pouco, quando vou pedir auxílio em algum Centro Espírita ou durmo nos albergues que eles possuem.

Tales, então, procurando determinada página no livro que trazia consigo, leu em voz alta:

"Deus conhece as nossas necessidades, e as provê segundo o necessário; mas o homem, insaciável em seus desejos, não sabe sempre se contentar com o que tem; o necessário não lhe basta, lhe é preciso o supérfluo."

"A Terra produzirá bastante para alimentar todos os seus habitantes quando os homens souberem administrar os bens que ela dá, segundo as leis de justiça, de caridade e de amor ao próximo; quando a fraternidade reinar entre os diversos povos, como entre as províncias de um mesmo império, o supérfluo momentâneo de um suprirá a insuficiência momentânea do outro, e cada um terá o necessário."

– Isso é de uma grande sabedoria, Tales... De uma grande sabedoria... Mas, infelizmente, sou um filho ingrato a Deus.

– Por que diz isso, Bergue?

O homem pensa um pouco e volta a pronunciar-se:

– Eu vou lhe explicar. Olhe bem para essas pessoas aí que vocês ajudam.

– Sim...

– São pobres criaturas que, por algum motivo, não conseguiram um bom emprego, talvez, por causa da falta de instrução e que, muitas vezes, nem foi por culpa delas. Talvez, por culpa de seus pais que não se esforçaram o suficiente para fazê-las estudar. Talvez, mesmo, nem eles possuíam condições. Enfim, não tenho condições para julgar ninguém, mas o que posso lhe dizer é que elas, de alguma maneira, fazem algum tipo de trabalho para tentarem se alimentar e aos seus filhos, quando os têm, catando papelão, latas, ou realizando pequenos serviços a troco de dinheiro ou de um prato de comida. O que ganham gastam com o almoço ou com alguma outra coisa. Existem casos, e sei porque já andei e vi muitos pelo caminho, que somente comem uma vez ao dia. Estes, pelo menos, têm comida à noitinha.

– Pois é isso mesmo, Bergue. Mas por que está falando sobre isso?

– Porque eu não faço nada. Sou um inútil que perambula pela vida, vivendo à custa, única e exclusivamente, da compaixão das pessoas boas e caridosas como vocês. Tenho até vergonha de juntar-me a este grupo.

– Por esse motivo, manteve-se à distância?

– Sim. Quando vi essas pessoas chegando aqui e ouvi alguém falar que viria um grupo trazer-lhes alimento, achei por bem ficar um pouco distante e não me misturar com eles. Se, por acaso, alguém me oferecesse...

– E por que não procura fazer alguma coisa, um serviço qualquer?

– Porque não posso ficar muito tempo numa cidade.

– E poderia me dizer o porquê?

– É uma longa história, Tales.

– Poderia ouvi-la e, se eu puder fazer algo para ajudá-lo...

– Penso que não.

– E por quê?

– Simplesmente pelo fato de que estou atrás de algo que sei que não vou conseguir alcançar.

– E por que acha que não vai conseguir alcançar o que procura?

– Já estou nessa busca há mais de cinquenta anos.

– Tudo isso?!

– Sim.

– E é tão importante assim que não consegue desistir?

– Na verdade, sei que não vou conseguir, mas depois de tanto tempo, como desistir? Vou continuar nessa busca até que a morte me leve.

– E eu poderia saber o que busca?

– Busco por uma pessoa.

– Uma pessoa?

– Minha irmã.

– Sua irmã? E desde quando não a vê?

– Comecei essa busca quando eu tinha vinte e três anos, mas não a vejo desde os meus sete anos. Ela tinha cinco anos de idade nessa época.

– Bem, você tem, hoje, setenta e cinco anos, e ela, setenta e três. Ainda espera encontrá-la com vida?

– Já nem sei mais. O que sei é que não posso parar.

– Mas como tem feito essa busca? Tem alguma ideia do lugar onde ela poderia estar?

– Nunca soube.

– Meu Deus, como está, então, fazendo? Sem nenhum critério?

– A única informação que eu tive foi a de que ela tinha ido para o interior do Estado. Quando decidi procurar por ela, iniciei por cidades próximas à capital, percorrendo a maior parte delas, a maioria das vezes pela intuição e na esperança de que Deus iria guiar os meus passos até a cidade certa e que, com a Sua ajuda, eu pudesse encontrá-la.

– E...?

– Deus parece não estar muito preocupado comigo. Oro todas a noites e, a cada noite, nutro uma esperança nova.

– E como viaja?

– A pé, ou em carona na traseira de alguma condução, a troco de algum serviço para algum caminhoneiro ou, quando consigo algum dinheiro, de ônibus. Tudo sem muita pressa, lógico, mas sou persistente.

– Há cinquenta anos, Bergue?

– Sim.

– E agora veio cair nesta cidade?

– E agora falando com você. Sabe, já falei com muita gente durante todo esse tempo.

– E o que faz em cada cidade? Quero dizer: se você a vir, ou ela, a você, com certeza, não se reconhecerão.

– Eu carrego este papelão pendurado no peito – respondeu, abrindo uma sacola de onde retirou um papelão dobrado que, ao ser aberto, revelou a frase: "Sou Bergue. Procuro pela minha irmã Alaíde Hansen".

– Alaíde Hansen... Sua irmã...

– Minha irmã.

– Mas como vocês se separaram?

– Quando eu tinha três anos, e minha irmã, dois, ficamos órfãos de pai e mãe, fomos acolhidos por um orfanato e lá vivemos juntos até eu completar sete anos. Após esse dia, fui levado para uma outra instituição de acolhimento e nunca mais tive notícias de Alaíde. Chorei muito e imagino que ela também, pois éramos muito ligados. Estudei lá até completar dezoito anos, quando comecei a trabalhar numa fábrica de sacaria e pernoitava na instituição. Foi, então, que passei a pesquisar por minha irmã, mas sem encontrar ninguém que pudesse me informar o paradeiro dela.

Disseram-me no orfanato que ela havia sido transferida, mas que não sabiam informar para onde.

– Não sabiam?

– Não. A única informação que tive foi de um funcionário antigo, que se arriscou a dizer-me que ela havia sido levada para uma escola. Eu tinha algum dinheiro guardado, saí do emprego e comecei a procurá-la. Procurei orfanatos e colégios internos, mas nada descobri e, sem dinheiro, voltei a trabalhar no mesmo emprego.

Mas não conseguia viver tranquilo, sempre com a ideia de voltar a procurá-la.

– E não desistiu, não é?

– Não. Como lhe disse, aos vinte e três anos consegui a informação de que ela havia se casado e que deveria ter ido morar no interior do Estado. Desde então, comecei esta minha peregrinação em busca de minha irmã e, como já lhe disse, não sei se irei conseguir esse meu intento, mas, depois de tanto tempo, não vou desistir. Vou continuar tentando. Até o fim de meus últimos dias.

– Por que não procurou alguma autoridade durante todos esses anos, Bergue?

– Eu procurei, Tales, e alguns até chegaram a condoer-se com a minha história e prometeram tentar alguma coisa, mas sem nenhum resultado. Cheguei a ir a jornais, que colaboraram comigo e publicaram uma nota, solicitando, a quem porventura tivesse notícias, que entrasse em contato, mas nada. Fiz isso em várias cidades, tudo em vão. Certa vez, retornei a uma emissora de rádio, e o responsável me deu um endereço, informando que uma pessoa ligara, dizendo ter tido contato com a minha irmã.

– E o que ela disse?

– Ela disse que conheceu alguém com aquele nome e que fora empregada doméstica em sua casa. Meu Deus! Que alegria! Apanhei o endereço e rumei imediatamente.

– E daí?

– Chegando na casa, bati palmas, e uma senhora me atendeu já dizendo que não teria nada para me dar. Nem me importei com as suas palavras, tão emocionado estava. Seria ela minha irmã Alaíde?

– E não era...

– Quando lhe falei, ela me disse que ali não havia ninguém com esse nome e que se chamava Adelaide e não Alaíde e que seu sobrenome era Hausen e não Hansen. Quase desfaleci, Tales. A mulher, então, ficou com muita pena de mim, fez-me sentar no degrau externo, trouxe-me um copo com água e seu documento para mostrar-me que estava falando a verdade.

Tales ficou muito condoído com a história do homem e, procurando uma maneira de ajudá-lo, prometeu que, no dia seguinte mesmo, iria pesquisar o nome de sua irmã junto às autoridades da cidade, indo primeiramente ao Cartório de Registro.

– Fico-lhe muito agradecido, Tales. Você é um homem muito bom.

– Você tem condições de passar a noite aqui, Bergue?

– Pode ficar tranquilo, pois já estou acostumado e tenho um ótimo agasalho e uma coberta na minha sacola.

– Deseja mais alguma coisa?

– Não, obrigado. Que Deus o abençoe.

– Boa noite, então.

Despedindo-se, Tales voltou junto ao grupo, que já havia terminado o trabalho.

– Conversou com ele, seu Tales? – perguntou Romeu.

– Sim, e podem ficar tranquilos. Ele é um homem bom, apenas lhe peço um favor, Romeu.

– Pode dizer.

– Tome conta dele, sim?

– Pode ficar sossegado. Ninguém irá importuná-lo.

– Obrigado.

Capítulo 18

NAQUELA NOITE, após a costumeira prece, rogando ao Alto que tivesse um sono tranquilo e que, se possível, a oportunidade de encontrar-se com a esposa, dormiu logo em seguida. Mas, desta feita, seu sono foi bastante agitado, vendo-se juntamente com Bergue à procura de sua irmã.

Acontecimentos desconexos, embaralhados e sem nenhuma sequência lógica invadiam sua mente, apresentando-lhe cenas fantasiosas, onde o sofrimento de muitas criaturas desfilavam à sua frente, tendo sempre o velho andarilho como causador de tantas dores.

Só que o via, não com suas vestes andrajosas, mas, sim, com vestimentas de suposta época medieval, brandindo sempre, com muita violência e ódio, pesada espada a decepar cabeças de seus troncos.

Ensurdecedora gritaria de desespero penetrava seus condutos auditivos, provocando-lhe incômoda dor nas têmporas, como agulhas em brasa.

Tentava chamar a atenção de Bergue, no intuito de com ele ter uma conversa e compreender tudo aquilo, mas o homem parecia não vê-lo ou, pelo menos, procurava ignorá-lo.

Apesar de aparentar um simples sonho, na verdade, Tales, tão preocupado fora dormir, pensando na situação de sofrimento do andarilho, que havia penetrado as lembranças de longínquo passado que quase sempre ressurgia na mente do homem quando este se entregava ao descanso do corpo, liberando, dessa forma, a própria história.

E nessa cena do passado, Tales via também o envolvimento de uma mulher, passando, então, a compreender o porquê do sofrimento de Bergue e de sua irmã, na presente encarnação, em que foram separados desde pequenos.

Da mesma forma, conseguiu concluir que fora Bergue e a mulher que solicitaram passar pela prova da separação, nesta vida atual, a fim de que, com essa experiência, não somente pudessem resgatar um grande erro do pretérito, como, principalmente, muito aprender com ele.

Tales se remexeu no leito, angustiado com tudo o que vira, mas não acordava, e mais embaralhado ainda se tornava o sonho, deixando-o extremamente agoniado e pesaroso com a revelação de que estava tomando ciência, a respeito do amigo andarilho.

***

– Meu marido não virá hoje, Paulo? – perguntou Nelly ao amigo que fora ao seu encontro a fim de informá-la a respeito disso mesmo.

– Hoje, não, Nelly. Ele está tendo um sono muito agitado, na verdade, visualizando cenas do passado de uma pessoa que ele conheceu hoje à noite e com a qual ficou muito preocupado.

– Ele se emancipou do corpo?

– Não, Nelly, apenas sua mente entrou em sintonia com o sonho dessa pessoa e, desse sonho, ele, com certeza, poderá se lembrar.

– Posso saber quem é essa pessoa?

– Sim. Trata-se de um andarilho que chegou à cidade e dirigiu-se até o grupo de catadores onde Tales distribui a alimentação.

– E sabe por que ele ficou tão preocupado assim?

– Pelo que soube, o homem está há mais de cinquenta anos procurando pela irmã.

– Pobre homem. Mas como ele a está procurando?

– Não sei nada sobre esse detalhe, mas parece-me que Tales ficou muito enternecido com essa história, tanto que acabou entrando em sintonia com a tristeza desse andarilho e acabou por ver o seu passado.

– Você está se referindo a um passado de outras vidas?

– Isso mesmo.

– Pobre Tales. Ele sempre se envolvia com o problema dos outros e acabava por "comprar" a tristeza de outras pessoas. E ajudou muita gente por causa disso. Ainda bem, não?

– Sim, não resta dúvida.

– E ele, com certeza, vai procurar ajudar esse homem...

– Penso que sim. E sinto muito, Nelly, por não termos a possibilidade de trazê-lo esta noite, mesmo porque, existe a possibilidade de ele acordar várias vezes durante a noite e voltar a dormir com a repetição dessas cenas que tanto o abalaram.

– Compreendo perfeitamente, Paulo. Haverá muitas outras ocasiões.

– Bem, Nelly, tenho de ir. O serviço me aguarda.

– Bom trabalho, meu amigo, e diga a Norma que lhe mando um abraço.

– Até mais.

– Até mais.

Nelly, então, voltou para o seu alojamento e sentou-se numa poltrona, ficando a pensar em voz alta:

– Vou sentir sua falta hoje, Tales, mas fico contente por estar trabalhando em benefício do próximo. Você sempre foi um bom homem.

– Quem sempre foi um bom homem, Nelly? – perguntou Irmã Lúcia, que havia acabado de entrar e ouviu as últimas palavras da amiga.

– Oi, Irmã. Estava aqui pensando no Tales.

– Só podia ser, não? Ele não virá hoje?

– Não, Irmã Lúcia. Paulo veio me informar que ele se encontra num agitado sono.

– Compreendo, mas está acontecendo alguma coisa com ele?

– É sobre um andarilho, com o qual está preocupado em ajudar, e entrou tanto em sintonia com ele, que se encontra compartilhando boa parte do sonho do pobre homem sobre sua vida passada.

– Eu me lembro bem do Tales e posso garantir que ele, realmente, vai fazer alguma coisa para ajudar. Mas como você o conheceu, Nelly?

– Tales?

– Sim.

Nelly põe-se, então, a se lembrar do primeiro momento em que o viu, após alguns anos, tempo decorrido desde que ele fora para a capital para estudar e mais o tempo em que ela também se mudara com a mesma finalidade. Na verdade, após seis anos de distanciamento. Lembrava-se muito bem, como se tivesse acontecido há muito pouco tempo e, agora, muito mais reais pareciam-lhe essas imagens.

– Eu o conheci no velório de seus pais.

E Nelly começou a relatar o problema ocorrido na sociedade que seu pai tinha com o pai dele, o motivo do desastre que vitimou a morte do casal, até o momento em que entrou no velório, e da bonita atitude de Tales, vindo agradecer-lhes por terem ido.

– Mas você quer mesmo que eu lhe conte?

– Gostaria muito, pelo menos, como foi o seu encontro com ele. Mas, antes que inicie a sua narrativa, vamos fazer uma oração, rogando a Deus que o auxilie nessa sua sintonia com a mente desse andarilho.

– Vamos sim, Irmã Lúcia. Estava mesmo pensando nisso.

Capítulo 19

E A MOÇA COMEÇOU a narrar aqueles momentos para a amiga.

Nelly rapidamente percebera que Tales ainda detinha um pouco de timidez, por desviar o olhar toda vez que eles se cruzavam.

Pôde perceber também o quanto ele devia amar os pais, pois a todo instante, levantava-se e postava-se diante de um dos caixões, com os olhos cerrados, demonstrando profunda tristeza, com os largos ombros agora recolhidos, num visível estado de interiorização dos pensamentos.

E não percebia nenhuma diferença entre essa demonstração de desalento e respeito, tanto para um quanto para o outro de seus pais, a não ser por um quase imperceptível detalhe.

Nelly percebia que, quando olhava para o corpo da

mãe, parecia-lhe que ele estampava uma clara fisionomia de carinho e ternura, enquanto demonstrava, para com o pai, um sentimento de muita comiseração por alguém que muito amava, mas que, acima disso, expressava essa grande compaixão.

Talvez pelo fato de Teodoro ter trabalhado tanto na vida, e todos os seus sonhos terem tido esse desfecho tão trágico.

"Parece-me ser uma pessoa muito boa" – pensou Nelly. – "E muito amorosa para com seus pais. Pobre Tales. Gostaria de consolá-lo, afinal de contas, não deve ter sido fácil para ele abandonar os estudos e, principalmente, ver seus pais passando por dificuldades, já que sempre tiveram uma vida tranquila e segura, assim como ainda tenho".

E Nelly, cada vez mais, sentia enorme vontade de conversar com ele, saber de sua vida, de seus planos, do que ele iria fazer de agora em diante, apesar de que, certamente, ainda teria uma casa para morar e os tios, Hermógenes e Glória, para auxiliá-lo.

De qualquer forma, encontrava-se em visível sofrimento, sentimento fácil de imaginar, pois sabia o quanto seria difícil se o mesmo lhe acontecesse.

E esse desejo cada vez mais incontrolável de falar

com ele foi crescendo a cada minuto, mas como fazê-lo? Seu pai não iria gostar nada disso, na verdade, iria ficar muito bravo se ela dirigisse a palavra a alguém que sabia significar, para ele, um inimigo.

Conhecia o temperamento de Narciso e tinha absoluta certeza de que ele transferira todo o seu ódio para o rapaz.

Mas por que tanto ódio assim? E por que sua mãe, que imaginava não compactuar tanto com seu pai, acabava por concordar com ele? E a grande amizade que tinha com a mãe de Tales?

E qual o verdadeiro motivo de o rapaz ir até seus pais e agradecer por terem vindo? Será que ele desconhecia alguma verdade sobre a negociação entre o seu pai e o dele? Não, não deveria desconhecer ou mesmo, até pelo contrário, Teodoro deveria ter falado com ele a respeito disso, de uma maneira, com certeza, exagerada, haja vista que também achava que seu pai exagerava um pouco.

Aprendera a conhecer a tendência que as pessoas têm de aumentar a intensidade de seus problemas, principalmente os que tivessem sido causados por outrem.

Ainda se encontrava absorta em suas conjecturas sobre tudo isso quando percebeu que Glória, tia de Tales, levantou-se, colocando carinhosamente a mão sobre o ombro do sobrinho, que começou a tremer, revelando ser fruto de um choro convulso a causa daquele descontrole.

Tales devolveu o abraço à tia, colando o rosto no dela. O tio também se levantou e os abraçou, sussurrando algo no ouvido dele, que o fez menear a cabeça num sinal de que compreendera suas palavras.

Nelly, disfarçadamente, olhou para o seu pai, bem no momento em que ele desviou o olhar daquela cena, apresentando impassível semblante.

Sua mãe, no entanto, enxugou as lágrimas que brotaram de seus olhos, permanecendo, por alguns segundos, com um lenço a pressioná-los.

Sentiu forte aperto no coração e, sem se preocupar com o que o pai poderia pensar ou com as possíveis consequências desse ato, dirigiu-se com passos firmes até os três, que ainda se encontravam enlaçados.

E como todos os olhares, nesse momento de enorme tristeza, encontravam-se voltados para Tales e aos seus tios, foi com estranheza e até estupefação que consideraram o gesto da moça que, ao chegar próxima ao rapaz, tocou-lhe o braço e disse:

– Tales, você não gostaria de sair um pouco até a calçada? Posso acompanhá-lo se quiser.

Os tios o liberaram do abraço, e o jovem, enxugando as lágrimas, respondeu:

– Você é Nelly, não?

– Sim, eu mesma.

E, quase num sussurro, Tales disse-lhe, advertindo-a:

– Bem... Penso que, realmente, caminhar um pouco me fará bem, até porque, sinto-me um pouco sufocado, mas... acho que não deveria me acompanhar... seus pais... não sei se você sabe...

– Sei alguma coisa... mas... neste momento, gostaria de ajudá-lo... Com certeza, meus pais saberão compreender.

E os dois saem para a calçada defronte da casa.

– Mas o que a Nelly está fazendo, Rosa?! – perguntou Narciso, entre dentes, mas com exasperação na voz.

– Fique calmo, Narciso – respondeu a mulher. Com certeza, ela ficou com muita pena dele e, pelo que noto, ainda não chegou nenhum jovem da idade dele. Nelly é uma pessoa muito boa e muito sensível. Você não deve se preocupar. Na verdade, será mais um ato de bondade de nossa família, num momento tão doloroso para o moço. Afinal de contas, ele perdeu o pai e a mãe.

– Mas o que irão dizer sobre nossa filha? Foi uma atitude muito...

– Não se esqueça, Narciso – interrompeu a esposa –, de que ninguém aqui desconhece que fomos sócios dessa família e que Nelly já conhecia Tales desde criança e verão com muitos bons olhos essa sua atitude. Fique tranquilo que eles já vão voltar e, logo, logo, dentro de pouco tempo, chegarão seus amigos, e tudo se resolverá.

– Tudo bem, Rosa, mas não estou muito satisfeito com isso.

A mulher, então, pegou na mão do marido e deu-lhe um carinhoso e leve aperto como que para tranquilizá-lo.

* * *

Na calçada, Tales, olhando rapidamente para a moça, agradeceu-lhe:

– Obrigado, Nelly. Como disse, estava me sentindo sufocar lá dentro, e meu peito parecia querer explodir de tristeza.

– Você devia amar muito seus pais, não?

– Ainda os amo, Nelly, porque não posso acreditar que a morte termine com tudo e que não haja nada depois.

– Também penso assim.

E começaram a caminhar pela calçada, em direção ao centro da cidade, que, naquela hora, encontrava-se deserto. E nenhum dos dois tocou no assunto que fora mencionado quando Nelly convidou Tales para sair um pouco, e este, preocupado, aconselhou-a que, talvez, não fosse conveniente que ela fizesse isso, por causa dos pais e pelo sucedido no passado.

– Fale-me um pouco sobre você, Nelly. Já faz alguns anos que não a vejo.

– Bem... é que estive morando na capital por quatro anos, estudando, e vinha pouco para cá, com exceção dos feriados e das férias, e, de qualquer maneira, nessas ocasiões, íamos para a praia. Formei-me este ano, prestei um concurso e começarei a lecionar.

– Você é formada em que matéria?

– Em Ciências.

– Meus parabéns.

– Obrigada. E você? O que faz?

– Hoje sou revendedor de relógios e anéis de formatura. Vendo relógios para relojoarias, em outras cidades, e percorro as escolas e cursos superiores, oferecendo aos alunos que irão se formar. Trata-se de um sistema de venda, no qual eles pagam durante dez meses e recebem o anel no mês anterior ao da sessão solene de entrega de diplomas.

– Sei como funciona. E fez algum curso? – perguntou, mesmo sabendo do que acontecera.

– Comecei a estudar há seis anos, mas tive que parar no segundo ano.

– Entendo... – respondeu Nelly, numa forma de fazer Tales saber que ela imaginara o motivo e não ter que lhe perguntar sobre isso.

– E até estou me dando bem nesse trabalho, pelo menos, consegui ajudar financeiramente os meus pais.

– Você deve viajar muito, não?

– Viajo, sim. Às vezes, chego a passar toda uma semana fora, ou até mais, quando não compensam as despesas com a viagem.

– Como você viaja?

– Viajo de ônibus e hospedo-me em pensões. Tem o carro de meu pai, mas há cidades em que somente um ônibus para enfrentar as estradas de terra, grande parte, fora de nosso Estado.

– Compreendo. Mas deve ser muito cansativo.

– Já me acostumei e até gosto porque, nesses quatro

anos, fiz muitas amizades por onde vou e tenho sido muito bem tratado em todos os lugares que passo. Acredita que há lugares em que chego a almoçar na casa de comerciantes?

Nelly não conseguiu conter um sorriso ao lhe responder:

– Não somente acredito como estou começando a entender o motivo de toda essa atenção para com você.

– E qual seria o motivo? – perguntou o rapaz, denotando sinceridade e tocante ingenuidade na sua pergunta.

– Ora, é muito simples. Você me parece uma pessoa muito boa e deve conquistar facilmente a confiança das pessoas.

Tales baixou o olhar e, após alguns segundos, perguntou:

– Você confiaria em mim?

A jovem olhou detidamente para ele como se o estivesse analisando e respondeu:

– Sabe, Tales, não conseguiria lhe responder isso agora, porque pouco o conheço, depois de tantos anos, mas ouso afirmar-lhe que você detém uma grande chance de eu confiar, sim.

205

– Muito obrigado, Nelly.

– E você? Confiaria em mim?

– Já confio plenamente, principalmente depois do que fez há pouco. Foi muita coragem de sua parte vir em meu auxílio.

– Fiquei bastante sensibilizada com o seu sofrimento e achei que deveria distraí-lo um pouco, afastando-o por uns momentos.

– Pode ter certeza de que esta conversa está me acalmando bastante, apesar de que penso ter de ficar mais tempo lá, junto ao corpo de meus pais.

– Quer voltar?

– Gostaria muito de ficar conversando mais com você, Nelly, mas...

– Eu entendo, Tales. Fosse os meus pais, também pensaria dessa maneira. Mas, por favor, lembre-se a todo o instante de que Deus sabe o que faz e que estarei rezando por você.

– Vou me lembrar, sim. Nunca me esquecerei do que está fazendo por mim e espero que seus pais não a repreendam por isso.

– Pode ficar sossegado. Conheço-os e sei que não irão me molestar. Quer voltar agora?

Antes que Tales respondesse, dona Rosa, que estava se aproximando dos dois, sem que percebessem, disse:

– Nelly, acho melhor voltarem. Seu pai quer ir embora.

– Até outro dia, Nelly, e muito obrigado pela sua companhia – agradeceu Tales, afastando-se e cumprimentando a senhora, ao passar por ela.

– Obrigado, dona Rosa, por terem vindo.

A mulher apenas lhe sorriu, sem responder, aproximando-se mais da filha, que lhe perguntou, sussurrando:

– Papai está bravo, mãe?

– Você é louca, Nelly? Não vê o que fez? Precisei convencê-lo de que você apenas havia se enternecido demais com o sofrimento de Tales e que isso, com certeza, seria visto como uma atitude nobre de sua parte, perante os presentes.

– Obrigada, mamãe. Realmente, fiquei muito sensibilizada com o sofrimento dele.

– Venha, vamos chamar o seu pai. Ele quer ir embora para casa.

Capítulo 20

NO DIA SEGUINTE, como prometera a Bergue, Tales foi até o cartório local para conversar com um amigo escrivão, a respeito de Alaíde Hansen.

Queria saber se haveria a possibilidade de o cartório localizar aquele nome, em algum sistema central, para poder ter alguma pista de onde ela poderia ter tido contato ou se ainda se encontrava viva.

– Bom dia, Rodrigues.

– Bom dia, Tales, há quanto tempo não nos falamos! Mas o que poderei fazer por você?

– Eu preciso de um favor seu, Rodrigues.

– Pois fale, meu amigo.

– Eu não sei se existe a possibilidade, mas gostaria de prestar um favor a um amigo que, há muito tempo, está tentando localizar a irmã. E imaginei que, talvez, através do cartório, houvesse essa possibilidade, apesar de que não possuo nenhum número de identidade, apenas um nome.

– É... Pode ser... Podemos tentar. Qual é o nome, Tales?

– Ela se chama Alaíde Hansen.

– Alaíde Hansen?

– Isso mesmo.

– Pois não precisaremos fazer nada, meu amigo. Eu a conheci.

– Como?! Você a conheceu?

– E você também.

– Eu?

– Sim, Tales. Alaíde Hansen é o nome de batismo da Irmã Lúcia. Você a conheceu, inclusive era amiga de sua finada esposa, a Nelly.

– Mas não é que é mesmo? Eu estava mesmo achando que esse nome não me era de todo estranho. Mas quem diria?! Alaíde Hansen é a Irmã Lúcia.

– Isso mesmo. As religiosas, quando fazem os seus votos, geralmente, adotam um novo nome.

– E ela já faleceu, não é, Rodrigues? Eu até me lembro disso. Nelly ficou muito triste. As duas, apesar de professarem religiões diferentes, estavam sempre trabalhando em prol dos necessitados. Quando havia uma campanha do

Centro Espírita que frequentávamos, a Irmã chegava a vender rifas e ingressos para almoços, e Nelly, por sua vez, também fazia o mesmo para as obras assistenciais da Irmã Lúcia.

– E esse seu amigo não sabia que ela havia falecido...

– Esse meu amigo, Rodrigues, é um andarilho e, acredite você, há muitos anos vem procurando pela irmã, pois moravam num orfanato e acabaram sendo separados. Penso até que a Irmã Lúcia também tenha tentado encontrá-lo.

– É uma pena, não, Tales? Mas é a primeira vez que ele vem até esta cidade?

– Foi o que ele me disse.

– E agora? Coitado.

– Bem, vou ter que informá-lo. Se ele desejar, levo-o até o cemitério, compro umas flores para que deposite no túmulo da irmã e vejo o que poderei fazer para ajudá-lo. Ele já tem quase a minha idade, Rodrigues. Vou lhe perguntar se não gostaria de morar numa casa de idosos. Até darei um jeito de arcar com as despesas. Fiquei com muita pena desse homem.

E se você quer saber, quando eu disse que há vários anos ele procura por ela, pode crer, foram mais de cinquenta anos.

– Cinquenta anos?

– Ele tem essa fixação de encontrá-la.

– Pobre homem.

– Bem, Rodrigues, muito obrigado.

– Por nada, Tales. Foi um prazer ajudá-lo.

Tales despediu-se e foi até o local onde, provavelmente, Bergue ainda estaria.

Chegando lá, apenas um dos catadores ali se encontrava, pois todos já haviam saído para realizarem a coleta de recicláveis.

– Veio cedo hoje, senhor – disse o homem.

– Você poderia me dizer aonde o Bergue foi?

– Bergue? Aquele que fica afastado da gente?

– Esse mesmo.

– Ontem à noite, foi preciso chamar uma ambulância, porque ele começou a passar mal. Não sei bem o que aconteceu.

– E o levaram para o hospital?

– Também não sei, senhor.

– Muito obrigado, meu amigo.

E Tales disparou em direção ao hospital, onde, tomando informações, chegou até Bergue. Ele havia sido internado com fortes dores nas costas, e pouco poderiam fazer por ele. Já se encontrava à beira da morte.

Sua cama localizava-se num canto de uma ala comunitária e era cercada por dois biombos. Quando Tales chegou, havia um jovem enfermeiro aplicando-lhe um medicamento.

– O que aconteceu com ele?

– Pela ficha aqui, está com o aparelho respiratório muito comprometido. O médico achou melhor medicá-lo para ver se ele reage um pouco e passe a apresentar condições de realizar outros procedimentos.

– Quem é o médico? Gostaria de falar com ele para dar, a esse meu amigo, o tratamento que se fizer necessário.

– É o doutor Nogueira. No momento, ele encontra-se realizando uma cirurgia, mas deve estar terminando, pois começou na madrugada. O senhor quer esperar para falar-lhe? Ele, com certeza, irá passar por aqui.

– Eu o esperarei, sim.

O enfermeiro retirou-se, e Tales sentou-se numa cadeira ao lado da cama. Alguns segundos se passaram, e Bergue começou a balbuciar algumas palavras. Tales levantou-se e aproximou o ouvido de seus lábios para melhor ouvi-lo.

– Quem é a senhora...? Parece uma freira... A senhora está toda iluminada... Sinto que veio me buscar... Mas eu queria muito encontrar a minha irmã antes de me entregar à morte.

Tales, então, deduziu: "Deve ser a Irmã Lúcia, e ele não a reconheceu. E nem poderia, pois lembra-se de sua irmã quando criança. Mas é certo que ela irá se identificar para ele quando tiver condições para isso, no Plano Espiritual. Acho que ela veio buscá-lo, mesmo."

E Bergue continuou:

– E quem são essas duas pessoas que se encontram com a senhora...? Parece que as conheço de algum lugar...

Elas vieram com a senhora para me ajudar? Por quê? Dizem que já me perdoaram... e que querem o meu perdão também... Eu os perdoo... se é que me devem alguma coisa... Não me lembro... A senhora diz que todos os que sofrem possuem débitos do passado, uns para com os outros? Pode ser, Irmã... Hoje, eu até acredito... já ouvi falar sobre isso... Vidas passadas, não? Eu nunca tive mágoa de ninguém... E a senhora e esse casal irão me levar até minha irmã? Então... Ela já morreu...

E o homem, após um forte acesso de tosse, pareceu notar a presença de Tales. Olhou para ele e disse:

– Meu amigo, obrigado pelo seu carinho e interesse, mas estou partindo... Vou com a freira e esse casal. Não sei se os está vendo... Finalmente, irei encontrar-me com minha irmã querida... Deus o abençoe, anjo de bondade...

E, assim, expirou, partindo para o verdadeiro plano da vida.

E Tales derramou muitas lágrimas ali. Era um desconhecido, mas sentiu como se lhe fosse um amigo muito caro. E proferiu sentida prece por ele.

Logo chegou o médico e, tomadas as devidas providências, Bergue foi sepultado às expensas de Tales, com uma coroa de flores com os dizeres "com as bênçãos de Irmã Lúcia".

À noite, Tales conseguiu novamente encontrar-se com Nelly e contou-lhe o ocorrido.

– Eu já soube, Tales, e Irmã Lúcia pediu-me que agradecesse a você. Ela realmente trouxe o irmão para cá e acompanhou todos os seus esforços para lhe dar um sepultamento digno, inclusive, a coroa de flores. Disse que você conseguiu emocioná-la muito. Ela também me contou que, quando na Terra, tentou muito encontrá-lo, chegando até a publicar anúncios em diversos jornais, mas tudo em vão. Quando desencarnou é que conseguiu, com a colaboração de outros Espíritos, localizá-lo e, sempre que possível, aproximava-se dele, fornecendo-lhe energias e, principalmente, paz de espírito. Sempre com muita fé em Deus e em Seus desígnios.

– E Bergue? Está bem?

– Já se encontra em tratamento numa outra clínica, e Irmã Lúcia está ao seu lado, orando e aplicando-lhe passes, juntamente com outros trabalhadores.

– Fico muito feliz pelo reencontro dos dois, Nelly.

A mulher endereçou-lhe um sorriso terno e carinhoso.

– Sabe, Tales, ontem à noite, eu estava com a Irmã Lúcia, contando-lhe sobre como foi que o conheci, quer dizer, que o reencontrei após alguns anos, nos quais estivemos fora, estudando. E eu pude lhe contar até o momento em que eu e meus pais fomos embora do velório.

Não continuei porque a chamaram para atender ao seu irmão.

– É... Aquele velório fez com que nos aproximássemos, não?

– Foi...

– Lembro-me de que fiquei muito contente por você ter falado comigo naquele momento difícil e, ao mesmo tempo, um pouco triste por ter ido embora. E fiquei com a esperança de que, no dia seguinte, você voltasse lá.

– Papai não permitiu.

– Foi o que pensei.

Capítulo 21

TALES RETORNOU A CASA, dirigindo-se até perto das urnas funerárias. Olhou para o corpo do pai, em seguida, para o da mãe, fez uma prece e foi sentar-se junto aos tios.

– E aí, Tales? Como foi a sua conversa com Nelly? Gostei muito da atitude dela, convidando-o a sair um pouco – comentou a tia.

– Ela foi muito atenciosa para comigo, tia, e conversamos pouco, pois sua mãe foi chamá-la. Chegamos a falar sobre o que estávamos fazendo, e ela me pediu para que me lembrasse de que Deus sabe o que faz e até que iria rezar por mim.

– Só isso?

– Foi mais ou menos assim. Ah, disse também que aparento ser uma boa pessoa.

– E eu não sei disso? – concluiu Glória, abraçando-o pelo ombro.

– São os seus olhos, tia.

– E parece-me que os olhos de Nelly também.

– É... Ela é uma boa moça.

– E, então, meu rapaz – perguntou o tio Hermógenes –, está mais calmo?

– Estou, tio, Pode ficar tranquilo. Confio em Deus.

– Assim é que se fala, Tales.

– A única coisa que me preocupa, tio, é que tudo aconteceu porque papai tinha bebido demais.

– Não se preocupe, filho. Seu pai bebia por desgosto, e Deus irá entender.

– Mas e mamãe...?

– Ela foi junto com ele, Tales, e eles se amavam muito.

– Pode ser...

– Foi melhor assim, pode acreditar.

– Não sei, tio... Mas não vou pensar mais nisso.

– É o melhor, filho – sugeriu Glória. – Entregue tudo nas mãos misericordiosas de Deus.

E a noite passou, surgiu um novo dia e, com ele, a tarde, quando haveria o sepultamento de Teodoro e Hermelinda. Tales, desde que o dia amanhecera, não tirava os olhos da porta de sua casa, na esperança de ver Nelly entrar.

Não sabia bem o porquê, mas parecia necessitar de sua presença no momento de irem até o cemitério, passando primeiro pela igreja a fim de que o padre abençoasse os corpos.

Moças e rapazes, amigos de Tales, lá estiveram por todo o dia como se estivessem se revezando junto a ele, mas Nelly não apareceu.

Chegado o momento, o cortejo fúnebre seguiu até a igreja e depois ao cemitério da cidade, onde, após as últimas despedidas, ocorreu o sepultamento.

Mesmo nesse último momento, Tales ainda tinha esperanças de que Nelly aparecesse, mas em vão.

Clemente, filho de Hermógenes e Glória, primo de Tales, foi quem o acompanhou por todos esses tristes momentos.

Na saída do cemitério, seus tios insistiram para que ele fosse com eles até a fazenda, oferecendo-lhe abrigo, ou seja, pedindo-lhe que fosse morar e viver com eles. Mas Tales foi categórico e insistiu na sua decisão de continuar a habitar o lar no qual tinha vivido por toda a sua vida, com exceção dos tempos da Faculdade.

Até Clemente insistiu muito, dizendo-lhe que poderia dormir no mesmo quarto que ele.

Tales agradeceu, mas continuou firme na decisão de morar sozinho na casa dos pais.

Retornando ao diálogo do casal, no Plano Espiritual...

– Sabe, Tales, lembro-me também do momento em que eu, papai e mamãe deixamos o velório naquela noite e de tudo, em detalhes, do que aconteceu na tarde do dia seguinte, após o horário do sepultamento, e da conversa que tive na casa de dona Mirtes.

No caminho de casa, a pé, pois apesar de possuírem um veículo, não o utilizaram, tendo em vista a proximidade de onde moravam, Nelly e os pais caminhavam em silêncio.

A moça, conhecendo o pai, sabia que esse silêncio seria apenas momentâneo e que, oportunamente, o pai lhe falaria sobre sua atitude para com Tales.

De qualquer maneira, estava tranquila, tendo em vista que o pai, apesar de bastante enérgico, nunca a maltratara, sempre conversando com calma, o que, muitas vezes, não acontecia em relação à sua mãe, com a qual já ouvira ele ser bastante ríspido.

Mas assim que chegaram, Nelly não pôde deixar de externar a sua intenção de ir ao sepultamento.

– Decididamente, filha – respondeu Narciso –, não quero que vá. Para ser mais claro, proíbo-a de falar novamente nesse assunto. Quero distância dessa gente.

Mesmo assim, a moça insistiu:

– De que "gente" o senhor está se referindo, papai? Só há o Tales que, na verdade, nada teve com o que aconteceu.

– Com essa "gente" que vai ser enterrada. E, se quer saber, com Tales também. O que pensa que ele vai fazer, assim que enterrar os seus pais?

– O que ele vai fazer, papai?

– Pois eu lhe digo. Irá procurar o advogado do pai e dar continuidade à ação que ele movia contra nós. Assunto encerrado, Nelly, até porque não vejo motivo de você ir. Até relevei o fato de você ter dado um pouco de apoio ao rapaz, tendo em vista ter ficado sensibilizada com as lágrimas dele, mas agora basta. E, se quer saber, não permitirei mais nenhum contato com esse moço, nenhuma conversa. Estamos entendidos?

– Sim, papai – respondeu Nelly, com tristeza no olhar.

Naquela noite, não conseguiu pregar os olhos, ficando acordada até quase de manhã, quando, finalmente, o sono foi mais forte.

Mas, até aquele momento, só tinha tido pensamentos para Tales.

– "O que será que está acontecendo comigo?" – pensava. – "Por que não consigo parar de pensar nele? Só pode ser pelo fato de eu ter ficado muito compadecida com o seu sofrimento, com as suas lágrimas. Talvez, ainda, por ele ter-se modificado tanto nesses seis anos. Quando o vi pela última vez, era apenas um garoto, um adolescente e, agora, está um homem feito. Ao ir para o velório, pensei que o encontraria como era antigamente. Mas, não..."

"Tímido ainda, mas com palavras sinceras, bem colocadas e com um coração tão bondoso..."

"Já de início, vir agradecer, principalmente a papai, por ter ido..."

"Também me impressionou a sua firmeza e destemor em ficar viajando o tempo todo, longe de casa, para ganhar a vida e ajudar os pais."

"Talvez, sempre sozinho... Sozinho? Será que tem uma namorada? Não, não vi ninguém lá. Só se mora em outra cidade... Mas viria para o enterro."

"E como vou ficar sabendo, se papai não me deixa ir ao sepultamento?"

"Mas por que isso está me preocupando tanto?"

No dia seguinte, após o horário estabelecido para o enterro, Nelly, que a convite, na verdade, uma ordem de seu pai, ficara com a mãe na joalheria, logicamente, para que ele tivesse certeza de que ela não acabaria indo, às escondidas, ao cemitério, encontrava-se impaciente e temerosa.

Meia hora se passou, até que um garoto lhe fez um sinal do outro lado da rua, defronte de uma padaria, e ela, disfarçadamente, com a desculpa de comprar um sorvete, foi até ele.

– E, então, Chiquinho? Você viu alguém com ele?

– Não, dona Nelly, o Tales estava sozinho, quer dizer, com seu Hermógenes e dona Glória. Não havia nenhuma moça.

– Tome, Chiquinho, estes trocados, mas você não pode dizer a ninguém que me fez este favor, está bem?

– Pode ficar sossegada. Não falarei nada a ninguém.

Nelly olhou em direção à loja do pai e, vendo que ninguém estava olhando, convidou o garoto para entrar e comprou-lhe um sorvete.

– Obrigado, dona Nelly.

– Chiquinho, diga mais uma coisa para mim.

– Pode perguntar, dona Nelly.

– Você conhece bem o Tales?

– Não muito, mas, às vezes, vejo ele por aí. Mais nos fins de semana, que é quando ele costuma engraxar os sapatos lá na praça.

– Ele tem amigos?

– Penso que ele não é de sair muito, dona Nelly. Mas ele tem um amigo que deve ser muito ligado a ele. É o Cláudio.

– Cláudio?

– O Cláudio trabalha naquela loja de ferragens, ali à frente.

– Não me lembro dele.

– É filho de dona Mirtes, a costureira.

– De dona Mirtes eu me lembro e penso agora que de Cláudio também.

– A senhora precisa de mais alguma coisa?

– Não, Chiquinho, muito obrigada. E não se esqueça: é tudo segredo nosso, tá?

– Pode ficar descansada e, quando precisar de qualquer favor, é só me chamar. Estou sempre na praça. E o sorvete está uma delícia. Tchau.

– Tchau, Chiquinho.

E Nelly retornou até a loja do pai.

– Você pagou um sorvete para aquele engraxate, Nelly?

– Paguei sim, mamãe.

– E a troco do quê?

– Ora, a troco de nada.

– E o que estavam conversando?

– Nada de importante, mamãe. Acostumada que fiquei na cidade grande, onde as pessoas quase não se falam na rua, resolvi dar uma prosa com o garoto. Um bom menino.

– Nelly... Nelly... Olha lá o que vai fazer... – disse Rosa, com olhar desconfiado, enquanto a moça apenas lhe sorria.

Nesse instante, pareceu que a sorte também sorriu para Nelly, quando sua mãe lhe fez oportuno convite.

– Filha, estou pensando em comprar tecidos para mandar fazer alguns vestidos para você.

– Vestidos, mamãe?

– Sim. Mês que vem, você começará a lecionar, e penso que irá necessitar de mais roupas. Poderíamos ir até a loja de armarinhos do seu Natinho e escolher os tecidos e depois você vai até a casa de dona Mirtes para escolher os modelos e tirar as medidas. O que acha?

– Excelente ideia, mamãe.

– Vou avisar seu pai, e já iremos.

✳ ✳ ✳

Nelly já havia tirado as medidas com Mirtes, a costureira, e, juntamente com ela, folheava revistas, escolhendo os figurinos para a confecção dos vestidos, quando a mulher, repentinamente, disse-lhe:

– Nelly, fiquei muito emocionada ontem no velório de seu Teodoro e de dona Hermelinda.

– Eu também, dona Mirtes. Tive muita pena de Tales.

– Sim, mas estou referindo-me à sua atitude em dirigir-se a ele e convidá-lo a sair um pouco. Você é uma moça muito corajosa, pelo fato do que aconteceu entre seu pai e o pai dele, apesar de que muito me admirei pelo desprendimento de Narciso e de sua mãe por terem comparecido lá.

– Sabe, dona Mirtes, para falar a verdade, sei muito pouco sobre o que aconteceu entre eles, talvez, menos que a senhora.

– É... Você já estava fora, estudando, não é?

– Isso mesmo, e meus pais, com certeza, não quiseram preocupar-me com essa questão da dissolução da sociedade na relojoaria. O que a senhora pensa a respeito de tudo isso?

– Também não lhe saberia dizer, Nelly. O pouco que sei é o que todos sabem, tendo em vista que a cidade é pequena, e não há um só passo que se dê aqui, que os habitantes não tomem conhecimento. E até aumentam um pouco as histórias. Mas, voltando ao velório, Tales também foi muito cordial, agradecendo a presença de vocês.

– Foi mesmo, dona Mirtes. Também estou sabendo que ele precisou abandonar os estudos e que viaja, vendendo relógios e anéis de formatura.

– É um moço muito trabalhador e esforçado, além do enorme amor que nutria pelos pais. Ele ajudava no sustento do lar e também, durante esse tempo, conseguiu quitar muitas dívidas do pai.

– Como é ele, dona Mirtes? Sinto enorme curiosidade em saber.

A mulher reflete um pouco antes de responder.

– O que sei, Nelly, é que é um bom moço, e todos da cidade gostam muito dele. Como já lhe disse, por ser um rapaz muito esforçado, por ter liquidado grande parte das dívidas do pai e pela aprimorada educação no tratar com as pessoas. A impressão que se tem é que ele não possui maldade nenhuma no coração.

– Ele vai passar a morar com os tios?

– Não. Ontem, após o sepultamento, conversei um pouco com dona Glória, e ela disse-me que insistiram muito, mas ele foi bastante firme na decisão de continuar morando aqui na cidade, na casa dos pais, que agora é dele.

– Entendo.

– Olhe este aqui, Nelly. O que acha? Este modelo vai cair muito bem em você – disse a mulher, mostrando uma foto da revista de modas.

– É muito bonito, sim, dona Mirtes.

– Eu só colocaria um bolso aqui para que você possa usá-lo no trabalho. O que me diz?

– Ele tem namorada, dona Mirtes?

A mulher, então, fixou o olhar na moça e, sorrindo, respondeu-lhe:

– Também fiz essa pergunta a Glória, e ela afirmou-me que não. E quanto ao vestido...?

– Vestido...?

– Sim, sobre este modelo.

– Oh, sim, a senhora pode fazê-lo. Gostei muito.

A mulher passou a olhá-la, agora com muita ternura, e brincou:

– Vamos deixar um pouco os modelos de lado. O que mais você gostaria de saber sobre Tales?

Espantada e, ao mesmo tempo, um pouco envergonhada por suas espontâneas perguntas, como se tivesse sido pega numa traquinagem, respondeu:

– Oh, por favor, não me leve a mal e nem chegue a uma conclusão precipitada, dona Mirtes. Trata-se apenas de uma curiosidade de minha parte.

– Não precisa ficar constrangida, filha. É bastante compreensível esse seu interesse, principalmente porque acabou se sensibilizando bastante com o sofrimento do pobre rapaz. Pode perguntar o que quiser, Nelly. Só espero que não faça essas perguntas aos seus pais, não?

– Não, não, dona Mirtes.

– Tenha cuidado, Nelly. De qualquer maneira, o que lhe poderia dizer, penso já ter-lhe dito. Agora, se quiser saber sobre mais algum detalhe, diga-me. Posso perguntar ao Cláudio, meu filho. Eles são amigos.

Nesse momento, Cláudio chegou do trabalho e, cumprimentando Nelly, dirigiu-se à mãe:

– Mamãe, sábado que vem, irei ao baile no clube. Vai ser um baile de aniversário.

E dona Mirtes, vendo uma oportunidade de fazê-lo falar alguma coisa sobre Tales, sem que o filho percebesse que Nelly tinha interesse em saber mais sobre ele, perguntou:

– Tales vai com você, filho?

– Creio que não, mamãe. Com a morte dos pais... De qualquer forma, já faz um bom tempo que ele não vai a bailes ou cinemas.

– Não?! – perguntou a mulher, na tentativa de continuar com o assunto.

– Não. Às vezes, vamos tomar um aperitivo no bar ou conversamos na casa dele. Também, aqui nesta cidade, pouco se tem para fazer. Três ou quatro bailes por ano, o cinema... Ah, também jogamos bilhar no café, ali na praça. Além do mais, ele anda viajando muito.

– Coitado do Tales, não, Cláudio? – perguntou a jovem. – Fazia tempo que não o via e quase não o reconheci.

O moço olhou para a mãe, com ar intrigado, pois sabia dos problemas que o pai de Nelly tivera com o seu sócio, pai do amigo, e, tendo em vista que ela era filha de Narciso... De qualquer maneira, respondeu à moça:

– É... Realmente, ele deve estar sofrendo muito.

– Acho que você deve procurá-lo, filho. Procure distraí-lo de alguma forma.

– É o que farei, mamãe, mas penso que ele não terá disposição para sair, até porque, com certeza, deve imaginar que não será visto com bons olhos se agir assim.

– Você tem razão, mas, de qualquer forma, procure aproximar-se dele, nem que seja para conversarem em sua casa ou, então, convide-o para vir tomar um café. Terei imenso prazer em recebê-lo.

– Vou fazer isso, sim.

– Sua mãe tem razão, Cláudio. Não deverá ser fácil para ele ficar sozinho na casa onde sempre viveu com os pais.

– Vou procurá-lo hoje mesmo, à noite, apesar de que, com certeza, deverá se refugiar na leitura.

– Ele gosta muito de ler?

– Gosta muito, sim. Ele, inclusive, tornou-se sócio de uma biblioteca pública de uma cidade para a qual viaja bastante e traz livros emprestados.

– E o que ele lê?

– Gosta muito de ler romances e também de estudar.

– E o que ele estuda?

– Tem predileção por Matemática, principalmente Estatística, e interessa-se muito por Contabilidade.

– Era o que cursava, não? Matemática.

– Isso mesmo, além de sentir muita satisfação em ajudar a quem esteja necessitando de alguma coisa. E parece até que atrai quem se encontra necessitado. Refiro-me a pequenos favores, entende?

– Entendo. É assim que o imagino: uma pessoa sempre solícita.

Capítulo 22

E, ASSIM, TRANSCORRERAM-SE várias noites, nas quais Tales e Nelly continuaram se encontrando.

Nessas ocasiões, ou frequentavam alguma reunião de estudos e esclarecimentos sobre a vida e sobre as edificantes lições do Evangelho, ou Nelly o levava para participar de algum trabalho extra no período noturno em que se encontrava engajada, tendo em vista que, ainda como aprendiz, o seu horário de atividades era diurno. Ou, então, apenas permaneciam no agradável jardim da colônia, a relembrarem fatos da história da vida em comum.

E foi Nelly quem continuou a discorrer, com palavras emocionadas, os acontecimentos mais importantes.

Era sexta-feira, e Narciso, Rosa e Nelly encontravam-se tomando o café da manhã, conversando animadamente sobre variados assuntos, quando a mãe sugeriu:

– Nelly, por que você não vai ao baile de aniversário do clube amanhã? Dizem que vai ser uma grande festa.

– Não estou sentindo muita vontade, mamãe.

– Sabe, filha, penso que está na hora de você sair um pouco, afinal de contas, com o seu retorno à cidade, após quatro anos fora, tem que reintegrar-se na sociedade.

– É... Eu sei, mas é que preciso me readaptar um pouco mais. Mesmo com minhas antigas amigas, aliás, muitas delas nem estão morando mais aqui.

– Por que não combina com a Sônia? A propósito, você já se encontrou com ela?

– Já, sim, mamãe. Nós nos encontramos na escola quando fui apresentar-me ao diretor para oficializar a minha cadeira de Ciências. Sônia dá aulas no curso primário.

– Deve ser uma boa moça – comentou Narciso. – Conheço seus pais.

– É, sim, pai. Sônia é muito dedicada ao que faz, apenas um pouco tímida demais.

– Ela não tem namorado? – perguntou Rosa, querendo entrar num assunto que planejara falar com a filha.

– Penso que nunca namorou.

– Ela tem a sua idade, não?

– Temos a mesma idade; Sônia, três meses só mais velha.

– É, mas está na hora de ela encontrar alguém, não?

– Mãe! O que está querendo dizer com isso? Seria uma indireta para mim? Afinal, tenho a mesma idade dela.

– Eu penso que essas coisas são muito importantes – interrompeu Narciso –, para serem simplesmente resolvidas. Um bom casamento tem de ser bem estudado, planejado.

– O senhor está querendo dizer que um casamento é a mesma coisa que um negócio?! Casamento envolve, acima de tudo, amor.

– Também acho importante que exista amor num casamento, mas penso que, acima de tudo, deva existir um sólido meio de sobrevivência. Ninguém se alimenta ou se veste de amor. E amor com necessidades, ou seja, amor de barriga vazia transforma-se em desgraça. Por isso, não tenha pressa, Nelly. Encontre alguém que, antes de mais nada, tenha condições de sustentá-la e que não seja sustentado por você.

– Meu Deus! A que ponto nós chegamos. Papai, o senhor me surpreende.

– Sabe, filha, não falo assim, egoisticamente, nem com ganância, mas, sim, porque a amo e não gostaria de vê-la passar por dificuldades. Sempre teve tudo do bom e do melhor.

– Está bem, papai, mas devo lhe dizer que quem terá que decidir isso será eu.

– Somente estou lhe aconselhando.

– E o baile, Nelly? – interrompeu Rosa, tentando retornar ao assunto.

– Vou pensar, mãe. Perguntarei à Sônia se ela gostaria de ir.

– E o vestido, filha? Não pensamos nisso.

– Vou ver com dona Mirtes se ela pode aprontar um deles para amanhã.

– Se quiser, irei com você.

– Não será preciso, mamãe, eu cuidarei disso.

E, num repente, Rosa disparou à queima-roupa:

– Alguém perguntou por você e, pelo que disse, deve estar com algum interesse.

– Quem perguntou por mim?

– Você deve conhecê-lo.

– De quem está falando, Rosa? – perguntou Narciso, curioso e franzindo o cenho.

– Do Celso, filho do Eugênio Matoso, proprietário da cerealista. O Celso, hoje, é o gerente da empresa.

– Uma grande empresa – comentou Narciso. – Vende para toda a região e até exporta, ouvi dizer. São muito ricos. E o que foi que o Celso falou sobre nossa filha?

– Você se lembra dele, Nelly?

– Bem pouco, mãe. Ele deve ser uns quatro anos mais velho do que eu.

– E o que ele falou? – insistiu o pai.

– Bem, nós nos encontramos, por acaso, na farmácia do seu Benedito, e ele disse que viu Nelly na cidade, reconheceu-a, mas ela não o viu. Disse que ficou admirado com a sua transformação, pois, quando saiu para estudar, ela era quase uma menina e que, agora, havia se transformado numa linda moça. Elogiou a elegância dela e cumprimentou-me por isso.

– Cumprimentou-a porque me achou bonita, mamãe? – perguntou Nelly, rindo e caçoando.

– E por que não, filha? Ele simplesmente me cumprimentou pelo fato de eu ter uma filha linda como você.

– Tudo bem, tudo bem. Desculpe-me. Até porque, se sou bonita, tive a quem puxar.

– Eu faria muito gosto se ele quisesse namorar a nossa filha. É um rapaz educado, honesto, trabalhador – opinou o homem. – Ele não deu a entender algo sobre isso?

– Bem, ele disse que quando surgisse uma oportunidade, gostaria de conversar com ela.

– E o que a senhora disse, mãe?

– Eu, polidamente, falei que, com certeza, você gostaria também.

– Mamãe...

– Que mal há nisso, Nelly?

– Está bem, mas ele não tem namorada?

– Eu soube que ele namorou uma moça por uns três anos, mas que já desmancharam o namoro. E tudo porque ele, disseram, dava mais atenção ao seu trabalho do que à namorada.

– Mas vejam só se isso é possível – disse Narciso, em tom de crítica –: Um moço dá valor ao trabalho, dedica-se a ele, esforça-se para vencer na vida, e uma namoradinha reclama disso, e até desmancham o namoro.

O que essa "zinha" queria? Um vagabundo, um boa-vida? É o cúmulo!

– Papai, o senhor está falando como se conhecesse profundamente esse Celso e a sua namorada. Não devemos julgar os outros dessa maneira, sem sabermos os verdadeiros motivos.

– Pois eu sei o que é isso! É próprio de pessoas que dão mais valor a festas do que ao trabalho. É como o velhaco do Teodoro que...

Nisso, ouvem a campainha da casa soar, e é Rosa quem vai atender à porta, retornando em poucos segundos.

– Narciso, é o Dr. Luiz Alberto, o advogado. Diz que necessita falar com você.

– Pois mande-o entrar e vir sentar-se à mesa conosco. Deve estar trazendo notícias sobre a ação daquele velhaco.

– Papai...

– Velhaco mesmo, filha. Ele e o seu filho. Com certeza, o Dr. Luiz Alberto veio nos comunicar que Tales já assumiu a ação do pai.

Nesse momento, o advogado apareceu à porta da sala de jantar.

– Aproxime-se, doutor, e sente-se aqui conosco. Tome um café e coma alguma coisa.

– Obrigado – agradeceu, cumprimentando Nelly e sentando-se –, aceitarei apenas uma xícara de café.

E após servi-lo, Rosa sentou-se também.

– Bem, eu vou para o meu quarto – comunicou Nelly, já levantando-se.

– Por favor, filha, gostaria que ficasse e ouvisse também o que o doutor aqui tem para nos dizer.

A filha obedeceu e colocou-se a postos para ouvir o que o advogado tinha a dizer, apesar de achar que Tales deveria mesmo continuar com a ação, não obstante não saber qual o verdadeiro motivo daquilo tudo.

– Pode falar, Luiz Alberto. Estamos ouvindo. Com certeza, aquele moleque do Tales assumiu a ação do pai.

– Bem. Senhor Narciso, realmente, o Tales procurou-me para falar sobre a ação impetrada pelo pai.

– Eu não disse?! Nem bem o pai morreu, e o rapaz já foi atrás de seus direitos. Bem que eu não queria ir naquele enterro! E o desaforado ainda teve o desplante de ir até nós para agradecer a nossa presença! Que ódio! Mas o que ele foi falar com o senhor?! Ele não tinha nada para lhe dizer! Ele tinha era que procurar o advogado do pai dele!

– Acalme-se, Narciso, vai acabar tendo um infarto por causa disso, homem.

– Mas vou mesmo! E por culpa de Teodoro e de seu filho!

– Por favor – interrompe o advogado –, deixe-me continuar.

– Desculpe-me, doutor, é que já posso imaginar o que tem para me comunicar. Com certeza, o rapaz deve ter instruído o advogado do pai dele para que solicite o aumento do valor da ação e, com isso, foi até o senhor para tentar um acordo. Ou seja, que eu lhe pague o antigo valor da ação! Não foi isso?! Eu sei... O filho deve ser pior do que o pai!

– Não foi bem isso, seu Narciso.

– E o que foi, então?! Bem pior do que isso?! Fale!

– Tales foi me procurar para me informar que solicitou ao advogado de seu pai que desistisse da ação.

– Desistisse?! Como assim?

– A ação foi retirada, simplesmente cancelada. Não existe mais.

Narciso ficou a olhar para o advogado, sem nada dizer. Olhou para esposa, para a filha, demonstrando não estar acreditando no que ouvira.

– Mas por que ele fez isso?

– Não consigo compreender, seu Narciso. O senhor bem sabe que essa ação tinha tudo para ser julgada favoravelmente a ele, até porque o senhor Teodoro havia solicitado uma nova avaliação dos bens que se encontravam na relação e, por certo, concluiriam que a loja deveria valer bem mais.

– Como assim? – perguntou Nelly, que pouco sabia sobre o que havia ocorrido – A loja foi avaliada abaixo do valor real?

Narciso empertigou-se na cadeira e tentou justificar à filha:

– Filha, você não entende nada disso, e vou tentar lhe explicar. Numa avaliação existem dois valores: o valor de mercado, que é o preço de venda da mercadoria, e o valor que se conseguiria, verdadeiramente, comercializar. E numa relojoaria e joalheria, tem-se que considerar o valor sobre as mercadorias com a possibilidade de venda. Por exemplo, um relógio ou uma joia fora de moda tem que valer menos que os da moda, entende?

– E o senhor somente considerou na avaliação o que teria chance de ser vendido?

– Pois é isso.

– Mas não considerou que um relógio ou uma joia fora de moda poderiam ser vendidos com um preço mais baixo? Tenho certeza de que sempre haverá compradores para esse tipo de mercadoria se vendidas abaixo do preço, com um bom desconto. No mínimo, no caso das joias, o preço do ouro bruto, não? Não é isso, Dr. Luiz Alberto? Não é isso? – perguntou Nelly, com muita ênfase, deixando o advogado sem meios de fugir a uma resposta correta.

– Bem... É mais ou menos isso, mas o senhor Teodoro, inicialmente, concordara com o preço estipulado.

– Até perceber que tinha feito um mau negócio e tentado essa ação, não?

– Era o que ele dizia...

– Pai, vocês enganaram o senhor Teodoro?

– Ninguém enganou ninguém, Nelly! E isso é jeito de falar com seu pai?! Ninguém enganou ninguém! Teodoro aceitou a minha oferta e pronto!

– Tudo bem – respondeu a moça. – Tudo bem, não se fala mais nisso. Somente gostaria de saber uma coisa, doutor.

– Pois não, Nelly.

– Tales não teve gastos judiciais ao retirar essa ação?

– É... Teve de pagar o advogado dele, quer dizer, de seu Teodoro e, como retirou a ação, acabou perdendo a causa e, dessa maneira, terá de pagar também.

– Papai, pelo menos isso, não? Acho que o senhor deveria arcar com essas duas despesas, afinal de contas, Tales o livrou de pagar-lhe o valor da ação.

– Eu pago, mas só porque você está me pedindo, Nelly.

– Não é só por isso, pai. É por uma questão de honestidade e agradecimento.

– Agradecimento?!

– Agradecimento, sim. Tales retirou a ação, uma ação que, como disse o doutor, o senhor iria fatalmente perder.

– Eu não vou agradecer a ninguém. Já chega que vou ter de falar com ele. Mas, com certeza, esse moleque fez isso para me humilhar.

– E por que o senhor não lhe pagou o que seu Teodoro queria, apenas para humilhá-lo?

– Você ficou louca?! Perder todo esse dinheiro?

– Não se esqueça de que Tales o perdeu.

O homem coçou a cabeça e acabou por concordar.

– Filha, você tem razão. Irei lhe agradecer pelo que fez e vou restituí-lo em tudo o que gastou. Vou, inclusive, pagar o que devo ao Dr. Luiz Alberto. Quanto lhe devo, meu amigo?

– Não me deve nada. Tales já me pagou quando foi me procurar.

– Já?!

– Já. Ele perguntou quanto me deveria pagar, e eu lhe disse.

– E ele?

– Na mesma hora, sacou um talão de cheques do bolso e me pagou.

Rosa que, até aquele momento, permanecera em silêncio, falou para a filha:

– Nelly, por favor, eu não tinha conhecimento desse fato. Somente tive notícia do valor da venda quando Teodoro entrou com uma ação na justiça, cobrando-nos, e o seu pai me disse.

– Ei, espere um pouco! Eu não fiz nada de errado! – interrompeu Narciso, bastante zangado.

– Bem, não vamos falar mais nisso, está bem?

– Por mim, tudo bem, mamãe.

– Bem, doutor Luiz Alberto, muito obrigado por ter vindo me dar essa notícia.

– Então, já vou indo.

– Vou acompanhá-lo até a porta – disse Narciso.

Ao retornar, meio cabisbaixo, convidou a esposa e a filha para irem até a relojoaria, pois já estava quase na hora de abri-la.

Capítulo 23

– SEU PAI DEVE TER ficado muito aborrecido, não? – perguntou Tales.

– Sabe, Tales, penso que papai não estava conseguindo compreender essa sua atitude, sempre interpretando como uma afronta ou, mesmo, desconfiando de que algo ardiloso deveria estar sendo planejado por você. E para piorar ainda mais, aquelas duas moças...

Assim que o pai de Nelly abriu a loja, chegaram duas jovens.

– Pois não – atendeu Rosa –, o que desejam?

– Gostaríamos de falar com o proprietário.

Narciso, que estava próximo, disse:

– Os proprietários somos eu e a minha esposa aqui. Podem falar o que desejam.

– Bem, é que vamos começar a cursar o último ano

do colegial e gostaríamos de saber se vocês poderiam atender à nossa turma como faz aquele moço, filho do antigo proprietário daqui.

– O Tales? – perguntou Nelly, que ouvira a pergunta.

– Esse mesmo.

– E o que ele faz? – perguntou Narciso. – Pelo menos, não nesta loja, pois nunca trabalhou aqui.

– Ele costuma visitar as escolas de outras cidades, oferecendo anéis de formatura, com um plano de pagamento, pelo qual os alunos ou seus pais vão pagando durante todo o ano, em dez parcelas – explicou uma das moças.

– E, antes da formatura, ele os entrega – completou a outra.

Narciso pensou um pouco e perguntou como se ignorasse esse fato:

– Mas ele não faz isso nesta cidade?

– Fazia até o ano passado, mas fomos procurá-lo, e ele nos disse que não iria mais vender aqui para não atrapalhar os negociantes da cidade onde morava.

– Ele disse isso? – perguntou Nelly, perplexa.

– Foi o que falou.

– E vocês gostariam de comprar dessa maneira em nossa relojoaria?

– Isso mesmo.

– Bem, vou pensar nessa possibilidade. Por favor, voltem aqui depois de amanhã, e eu terei uma resposta para vocês, está bem?

– Voltaremos sim. Se o senhor nos atender, será muito bom para nós.

– Penso que vai ser possível. Voltem depois de amanhã.

– Obrigada.

Narciso ficou alguns segundos pensativo, mas nada disse.

Nelly apenas deu um prolongado suspiro e, para não constranger mais ainda o pai, foi até a padaria, pediu um sorvete de creme numa taça e sentou-se a uma das pequenas mesas, ficando a tomá-lo bem devagar. Mas não conseguia concentrar-se no deleite que aquele creme bem gelado, em outra situação, iria lhe proporcionar.

Sua mente encontrava-se confusa.

"Por que será que Tales retirara a ação contra seu pai? – pensava. – E por que se recusara a continuar com as vendas dos anéis de formatura naquela cidade que, como disse às garotas, não queria concorrer com a relojoaria?"

"Que motivo o levara a tomar essa decisão? Precisava falar com ele, perguntar-lhe, saber o porquê. Mas, como?"

Foi, então, que, vendo dona Mirtes atravessar a rua, num ímpeto, levantou-se, abandonando a iguaria sobre a mesa.

– Ei, Nelly – chamou-a a dona da padaria –, não vai tomar o sorvete? Mal começou. O que aconteceu? Não gostou? Sirvo-lhe outro, de graça.

– Desculpe, dona Maria. Está uma delícia, mas preciso falar com dona Mirtes, que vai indo ali. Preciso alcançá-la.

– Vou guardá-lo para você. Se decidir depois, volte para tomá-lo.

– Está certo.

E Nelly correu em direção à costureira.

– Dona Mirtes!

– Oi, Nelly, tudo bem?

– Preciso falar com a senhora.

A mulher parou, esperando-a.

– Está esbaforida, Nelly. Aconteceu alguma coisa?

– Posso acompanhá-la até sua casa?

– Claro, vamos.

– Por favor, espere só um pouquinho. Vou avisar minha mãe.

– Pode ir, mas não precisa correr. Eu espero.

– Obrigada.

Nelly foi até a porta da loja e, avisando à mãe que iria até a casa de dona Mirtes, retornou a ela, em poucos segundos.

– O que é, Nelly? Deseja mais algum vestido?

– Bem, dona Mirtes, eu estava pensando em ir ao baile amanhã e queria ver se haveria tempo de aprontar aquele verde e se a senhora acha que poderá fazer alguma modificação para que fique apropriado para a festa. É o baile de aniversário do clube.

– Hum... é... talvez... sim, eu posso fazer algumas modificações e, depois do baile, posso adaptá-lo para que você possa trabalhar com ele.

– A senhora tem certeza de que pode, mesmo?

– Fique tranquila, Nelly, nem que eu tenha que trabalhar até altas horas da noite ou da madrugada.

– Oh, dona Mirtes, não quero explorá-la tanto assim.

– Estou brincando, filha. Até a tardezinha, ele já estará quase pronto, só faltando alguns arremates. A única coisa que lhe peço é que, por volta das quatro horas da tarde, você venha até minha casa para experimentá-lo.

– Eu vou, sim.

– Então, estamos combinadas.

– Vou acompanhá-la até sua casa, dona Mirtes, porque preciso de um outro grande favor da senhora.

– Pois vamos, então. E se quiser entrar, passo um café para nós.

– Não será necessário.

– Bem, já estamos chegando e, se quiser falar do favor que deseja que eu lhe faça, terá que entrar. Não vamos ficar conversando aqui fora.

– Tudo bem, vamos entrar.

– Bem, dona Mirtes, eu só vou pedir esse favor para a senhora se concordar em não dizer nada aos meus pais. Se não concordar, eu vou compreender, pois não desejo que faça algo que não ache certo.

– Nelly, eu precisaria, primeiro, saber qual o pedido que irá me fazer para que possa lhe prometer. Vamos combinar uma coisa: você diz do que se trata e, se eu achar que devo atendê-la, sem dizer nada aos seus pais, eu atenderei. Se eu achar que não devo, não o faço, mas prometo, desde já, não dizer nada a eles sobre o que me pediu. Está bem, assim?

– Está certo, dona Mirtes. O que acontece é o seguinte: a senhora, como muita gente da cidade, deve saber a respeito da ação que seu Teodoro, pai do Tales, entrou contra o meu pai...

– Sim, Nelly, quem não sabe?

– Pois bem, acontece que o advogado de papai esteve em casa hoje de manhã e disse que Tales retirou essa ação da justiça.

– Ele fez isso?

– Fez, dona Mirtes. E não foi só isso.

– Não?

E Nelly contou sobre as estudantes que procuraram a loja logo pela manhã, dizendo que Tales não iria mais vender anéis de formatura, através de um plano mensal de pagamento, naquela cidade, para não prejudicar os comerciantes.

– Estranho mesmo, Nelly. Mas que favor você deseja que eu lhe faça?

– Sabe, dona Mirtes, eu gostaria de perguntar pessoalmente ao Tales por que retirou a ação contra o meu pai, mas não sei como fazer. Tenho receio de que meu pai venha a saber que conversei com ele.

– Deixe-me ver se consigo imaginar o que está pretendendo – disse a costureira, sorrindo, divertida. – Você virá, à tardezinha, para experimentar o vestido e quer que eu dê um jeito de Tales aparecer por aqui, não é?

– Pois é isso, dona Mirtes. Penso que ele ainda não esteja trabalhando. A senhora faz isso por mim?

– Você sabe que eu estarei me arriscando a perder a amizade de sua mãe, não?

– É... e se meu pai ficar sabendo... aí...

– Vamos, então, fazer o seguinte: vou tentar dar um jeito de que esse encontro, aqui na minha casa seja natural, por acaso, sem que pareça que eu o arranjei, está bem?

– Muito obrigada, dona Mirtes. A senhora é um anjo.

– Para você, não? Para seus pais...

Nelly sorriu e abraçou a mulher, despedindo-se.

– Até às quatro, dona Mirtes.

– Até às quatro.

Capítulo 24

– DAQUELA NOSSA conversa, lembro-me muito bem – comentou Tales, na noite seguinte, sentado com Nelly, agora em um outro ponto do enorme jardim da colônia. À frente deles, gracioso chafariz lançava iluminados jatos d'água, compondo variadas formas a destacar-se no contraste do céu, pontilhado de estrelas.

– Foi nessa tarde que, definitivamente, eu tive a íntima confirmação de que me apaixonara por você, Tales.

Nelly havia acabado de provar o vestido, na casa de dona Mirtes, e as duas encontravam-se sentadas à mesa da sala de jantar, aguardando a chegada de Tales.

A moça não conseguia disfarçar o nervosismo que, a cada minuto, avolumava-se em seu íntimo, quase se arrependendo da ideia de falar com o rapaz.

– Fique calma, Nelly. Estou percebendo que está

nervosa. Cadê a presença de espírito e a autoconfiança que sempre fizeram parte de suas características? – perguntou a mulher, divertindo-se com a situação, pois já havia percebido, desde que Nelly fora até sua casa para tratar da confecção das roupas, no dia anterior, que deveria existir algo mais que uma simples curiosidade em falar com o rapaz.

– Será que ele virá, dona Mirtes?

– Já vai chegar. Como lhe disse, enviei um recado a ele para que viesse até aqui porque eu gostaria de conversar um pouco com ele.

– E ele concordou?

– Com certeza, virá e...

Interrompendo a fala da mulher, ouviu-se o bater de palmas no portãozinho da residência, próximo à calçada. Naquela época, era comum ter um pequeno jardim defronte da casa, antes de se chegar a uma pequena área coberta que dava acesso à porta da rua.

– Deve ser ele – comentou dona Mirtes, levantando-se e dirigindo-se à porta.

O coração de Nelly parecia querer saltar-lhe pela boca, tamanha a frequência com que pulsava.

– Boa tarde, Tales. Entre, por favor.

– Com licença, dona Mirtes.

O rapaz entrou e, como a porta que dava acesso à sala de jantar encontrava-se bem defronte à porta de entrada, imediatamente, viu Nelly, sentada à mesa.

– Parece-me que a senhora tem visitas. Quer que eu volte mais tarde?

– Não, não, Tales.

E, surpresa, Nelly ouviu a mulher que, com a maior tranquilidade, disse a ele:

– Na verdade, chamei-o aqui porque Nelly gostaria de conversar com você.

Tales também se surpreendeu e, timidamente, acompanhou a senhora até o outro cômodo.

– Oi, Nelly, tudo bem? – perguntou, estendendo-lhe a mão.

Como poderia imaginar que um simples toque de mãos conseguiria "explodir" verdadeira torrente de vibrações em suas almas, exteriorizando-se através de indescritível emoção?

– Tudo bem.

– Sente-se, Tales. Vou deixá-los a sós para que conversem sossegados.

– Por favor, dona Mirtes, gostaria que a senhora tomasse parte da conversa que quero ter com ele. Penso que a sua experiência de vida em muito poderá colaborar com este nosso diálogo – pediu Nelly, agora mais segura de si e mais calma.

– Pois, então, vamos nos sentar.

– Eu não sabia que você estava aqui, mas fico contente – foi a única coisa que o rapaz conseguiu pronunciar.

A moça endereçou-lhe tranquilizante sorriso e iniciou o assunto.

– Tales, desculpe-me fazê-lo vir até aqui, mas é que fiquei sabendo, hoje de manhã, através do advogado, o doutor Luiz Alberto, que você retirou a ação que seu pai movia contra meu pai na justiça e gostaria muito de saber o porquê de ter agido assim. Afinal de contas, apesar de não ter conhecimento do caso, imagino que seria uma boa quantia em dinheiro e também que você teria grande chance de ganhar essa causa.

E, de qualquer maneira, meu pai tem condições financeiras suficientes para pagá-lo e não iria ter problemas dessa ordem.

Além do mais, apesar de não saber exatamente o que

aconteceu, penso que isso até acabou acarretando a morte de seu pai e de sua mãe. Digo isso porque fiquei sabendo que foi por causa disso tudo que seu Teodoro entregou-se à bebida. Desculpe-me lembrá-lo desses fatos, mas tinha de lhe falar.

E você perdeu seus pais, Tales. Não estou culpando o meu pai por isso, mas...

E a fala de Nelly não mais conseguiu sair. Os seus olhos, cheios de lágrimas, denunciaram o que começara a sentir naquele momento. Procurando forças que contivessem essa emoção, continuou:

– É que não consigo compreender o motivo de você ter retirado a ação da justiça porque imagino que deva estar pensando que meu pai tenha sido, indiretamente, o causador dessa verdadeira desgraça que lhe aconteceu.

Dona Mirtes também não estava conseguindo conter a emoção e, disfarçadamente, enxugou algumas lágrimas que insistiam em abandonar os seus olhos.

O rapaz baixou o olhar e, com muita calma e humildade, respondeu:

– Nelly, eu nunca procurei interferir nesse caso entre o meu pai e o seu. A única coisa que fiz foi tentar convencê-lo a não se entregar ao álcool e deixar que a justiça decidisse sobre essa questão, mas ele não me deu ouvidos. Nem a mim e nem à minha mãe.

Também não culpo o seu pai, porque ele não teve culpa de meu pai ter-se enveredado por esse caminho.

Meu pai ficou pobre, sem dúvida nenhuma, mas tenho consciência de que também não foi por culpa de ninguém, nem dele mesmo. Tentou abrir um negócio e não deu certo. O que se pode fazer, não? Mas não passávamos por grandes dificuldades, pelo menos, nunca nos faltou o que comer e outras necessidades básicas.

– Mas com o dinheiro que você, com certeza, receberia com a ação, poderia voltar a estudar, Tales.

– Sei disso e sinto-me profundamente agradecido pela sua preocupação para comigo, mas...Veja bem... Esse dinheiro não é meu, Nelly. Eu não fiz nada para merecê-lo. Papai, sim, talvez tivesse razão porque, pelo que sei, muito trabalhou na vida.

E vou lhe dizer mais uma coisa: talvez, se mamãe estivesse viva, eu não teria tomado essa decisão de interromper esse processo judicial, porque imagino que eu não teria esse direito, apesar de que penso que tentaria convencê-la a fazê-lo. Mas deixaria a seu critério, qualquer decisão nesse sentido.

– Você não pensou que seu pai gostaria que você tivesse acesso a essa quantia que, no modo de ele pensar, pertencia-lhe?

– Já pensei nisso, Nelly, mas também pensei na possibilidade de ele não ter razão nessa história toda e que, se eu ganhasse essa causa, eu poderia estar impondo-lhe a culpa de algo que não fosse correto.

– Sabe, Tales, pelo que ouvi hoje, na conversa de meu pai com o advogado, estou chegando à conclusão de que seu pai tinha razão, tanto que o doutor Luiz Alberto afirmou que, com certeza, o juiz teria dado ganho de causa a você.

Tales deu um leve suspiro e respondeu:

– Mesmo que isso tivesse ocorrido, penso que você não deve culpar o seu pai por nada, até porque, nem eu e nem você temos conhecimento do que possa ter acontecido. Digo isso, porque meu pai e o seu sempre foram bons amigos e não me passa pela cabeça que qualquer um dos dois pudesse tentar enganar um ao outro.

– Você é muito bom, Tales.

– Não sou, Nelly, somente procuro analisar a história de vida das pessoas, nesse caso, do meu pai e do seu, de minha família e da sua, e não quero correr o risco de cometer nenhuma injustiça. E meus pais, estejam onde estiverem, tenho certeza de que irão me entender.

– Mas...

– Não há "mas" nisso, Nelly, até porque, acima de tudo, como já lhe disse, esse dinheiro não me pertence, pois nada fiz por merecê-lo. E peço-lhe que não se preocupe mais com isso.

– E quanto a você decidir não comercializar mais os anéis de formatura nesta cidade, Tales? Por que isso também?

– Simplesmente, porque não desejo que seu pai, cada vez que se lembrar disso, sinta mais dissabor comigo. E também não precisa se preocupar com esse assunto, pois o tempo que eu levava para conversar com os alunos das escolas desta cidade irei utilizar numa outra cidade que poderei visitar. Vai dar tudo na mesma.

– Tudo bem, só que você já era conhecido aqui, não?

– Ficarei conhecido em outro lugar, Nelly. Pode ficar em paz, pois nunca irei me arrepender do que estou fazendo.

– Você é uma pessoa muito boa, Tales. Já lhe disse isso.

O rapaz olhou para dona Mirtes, um pouco envergonhado pelo elogio, e ela colocou sua mão sobre a dele, dizendo:

– Parabéns, Tales. Você fez o melhor que podia ser feito.

– Também penso assim e... bem... acho que vou embora.

Nelly sentiu, então, incompreensível necessidade de ficar mais tempo conversando com ele e acabou por perguntar-lhe:

– Você irá ao baile amanhã?

– Não vou. Penso que ainda é muito cedo para ir a festas, você entende, não?

– Eu entendo.

– Você vai?

– Estou pensando em ir, inclusive vim até aqui para experimentar um vestido, além de ter esta oportunidade de falar com você, pois pedi a dona Mirtes que me proporcionasse este encontro. Meus pais não sabem disso.

– Com certeza, não iriam gostar, não?

– Não, mas eu tinha de fazer-lhe essas perguntas.

– Bem... Até mais. E um bom baile para você.

– Pena que não possa ir, Tales. Ele será abrilhantado por uma grande orquestra.

– Cláudio me disse. Talvez eu vá até a praça, defronte do clube, para ouvi-la.

– Faça isso, Tales. Pelo menos, não?

– Tchau, então.

– Tchau, e obrigada por ter vindo.

– Fiquei muito feliz em conversar com você.

– Eu também.

– Tchau.

– Tchau.

– Até outro dia, Tales – respondeu dona Mirtes. – Vou acompanhá-lo até a porta.

Capítulo 25

– E AQUELA NOITE DO baile foi a mais triste da minha vida – disse Tales –, pelo menos, no início. Mas também foi a noite em que passei a acreditar, de verdade, em amor à primeira vista.

– Foi tudo um grande equívoco. Parecia que tudo conspirava contra nós, não?

Noite do baile. Nelly, já pronta, esperava Sônia passar em sua casa para irem à festa, quando, surpresa, viu sua mãe sair do quarto, trajando lindo vestido novo e bem maquiada, enquanto o pai, metido num elegante terno e gravata, atrás dela, estampava enorme sorriso, divertindo-se com a cara de espanto da filha.

– Ei, aonde vocês vão assim?

– Vamos ao baile com você, filha. Não lhe falamos nada porque queríamos lhe fazer uma surpresa.

– Papai, você está muito bonito. E qual o motivo? Quase nunca saem de casa.

– Queremos comemorar o seu sucesso.

– Sucesso?

– Sim, você passou brilhantemente no concurso e irá começar a dar aulas, ganhando muito bem, por sinal.

– Meu Deus, quando que eu iria imaginar? Sônia vai se surpreender.

– Ela já sabe.

– Já?!

– Pedimos a ela que guardasse esse segredo. Iremos apanhá-la na casa dela. Vamos?

– Vamos, sim! – exclamou Nelly, feliz pela companhia dos pais. – Mas até você, papai?! Estou muito surpresa! E me parece alegre.

– Também estou comemorando, filha, um outro sucesso.

– Que outro sucesso, pai?

– Não vai falar disso agora, não é, Narciso?

– E por que não? Estou muito contente com isso.

Rosa ficou séria, balançando a cabeça, horizontalmente, em sinal de desaprovação.

– E o que tem de mais? Aquele rapaz retirou a ação, e não posso comemorar? Mas lógico que sim.

– Vamos, então – disse Nelly, agora também séria como a mãe.

– Epa! Não vão ficar com essas caras, não?! Será que estão contra mim?

– Ninguém está contra o senhor, papai, e se isso é motivo de alegria para o senhor, também vamos ficar felizes, não é, mamãe? – respondeu a moça, fingindo-se de alegre.

Rosa intimamente agradeceu à filha por isso, pois já previa alguma discussão em torno desse assunto.

– E ainda vai ter uma outra novidade, filha! – exclamou Narciso, entusiasmado.

– Novidade? E posso saber que novidade será essa?

A mãe apenas sorriu e abriu a porta para que os três saíssem. Pela ocasião, foram de carro, apesar da pouca distância que se localizava o clube, uma construção muito bonita, com o salão de festas cercado por bela e espaçosa varanda, defronte da praça principal.

– Vamos apanhar a Sônia primeiro – disse Narciso.

Foi de muita alegria o encontro das duas amigas, principalmente pelo fato da presença dos pais de Nelly.

Ao chegarem ao clube, Narciso estacionou bem próximo, e alguém os esperava. Era Celso, sobre quem a mãe falara na manhã do dia anterior, o rapaz que perguntara por Nelly. Celso fez questão de abrir as portas do carro para que Rosa e as moças descessem.

– Nelly, você se lembra do Celso?

A moça ficou um pouco sem ação, porque imediatamente concluiu que seus pais haviam lhe preparado aquele encontro e sentiu-se bastante constrangida. Será que o moço sabia que os pais dela haviam planejado aquilo, sem que ela soubesse? Ou estaria pensando que ela teria concordado com aquele encontro?

– Não me lembro bem – respondeu. – De qualquer forma, muito prazer em conhecê-lo.

– O maior prazer é meu, Nelly. Fiquei sabendo que você viria ao baile e fiz questão de vir aguardá-la. Você transformou-se numa linda mulher.

– Obrigada.

– Bem, vamos entrar? – convidou Narciso, oferecendo o braço à esposa, caminhando à frente. Celso, por sua vez, gentilmente, fez o mesmo oferecimento a Nelly que, tomada pela surpresa e, inocentemente, depositou sua mão em seu braço e, assim, caminharam em direção à escadaria do clube, logo atrás dos pais dela e de Sônia.

Nesse ponto, Tales interrompeu a narrativa para descrever a amargura que sentira naquele momento, a confirmar-lhe, por definitivo, seu amor por Nelly.

Tales, havia alguns minutos, já se encontrava sentado num dos bancos da praça central, aguardando o início do baile, para dali poder ouvir as músicas que seriam executadas, e pensava em Nelly.

"Será que ela já chegou? Gostaria muito de estar lá também. Como ela é linda! Não somente linda, como delicada, atenciosa, pura de coração! Uma voz terna, meiga. Tratou-me tão bem e aquela sua preocupação comigo... Meu Deus, o que é isso? Será que estou gostando tanto assim dela, tão de repente?

E ela...? Será que sente alguma coisa também? Tive uma pequena impressão de que ela tem, pelo menos, um pouco de simpatia por mim... A maneira como me olhava... Ou seria apenas pena que sentia? Não pode ser. Ela olhava bem nos meus olhos, percebi um certo nervosismo em sua voz, e até corou quando eu entrei. Será...?"

E encontrava-se nesse devaneio quando viu um automóvel estacionar bem próximo ao clube, quase à sua frente. De início, não prestou muita atenção até ver que um moço, que reconheceu ser Celso, dirigiu-se até o lado do carona e abriu as duas portas daquele lado do veículo. Parecia reconhecer quem se encontrava à direção. Sim, era Narciso e, só aí, notou que as mulheres a saírem eram dona Rosa, Nelly e sua amiga Sônia.

Para poder ver melhor, levantou-se do banco e começou, bem devagar, a aproximar-se do meio-fio da calçada oposta.

E grande baque emocional o tomou quando viu que Nelly depositou a mão sobre o braço de Celso, e caminharam em direção ao clube, logo atrás dos demais.

"Nelly está namorando esse moço! – concluiu imediatamente. – Ou foi somente uma gentileza da parte dele, oferecer-lhe o braço? Não. Fosse somente por gentileza, ele teria oferecido o outro a Sônia."

E Nelly, por sua vez, enternecida pelas lembranças, rememorou a profunda angústia que experimentara naquele triste instante.

Nelly ainda se encaminhava em direção ao clube,

quando, sem saber o porquê, instintivamente, olhou para trás e quase não acreditou no que seus olhos estavam vendo.

Tales encontrava-se em pé na outra calçada, olhando para ela, e sentiu, instantaneamente, um repentino vazio no estômago como se tivesse sido golpeada duramente quando seus olhares se cruzaram, e Tales, tristemente, baixou o seu.

Capítulo 26

NELLY, SEUS PAIS, Celso e Sônia sentaram-se a uma mesa bem próxima à pista de dança e, quase a seguir, a orquestra iniciou sua apresentação.

Casais começaram a dançar, e o rapaz pensou em convidar Nelly para acompanhá-lo numa dança, mas deteve o primeiro ímpeto, pois percebera que ela parecia não se encontrar tão animada, na verdade, denotava tristeza no olhar como se lá estivesse a contragosto.

Respondia educadamente ao que lhe perguntava, concordando polidamente, mas seu sorriso denunciava que não se encontrava nada bem, além de, por algumas vezes, correr os olhos pelo salão, parecendo à procura de alguém. Celso, bastante perspicaz, imaginou sabiamente que Nelly não tivera nenhuma participação no convite que dona Rosa lhe fizera para que se encontrassem à entrada do clube e se sentassem juntos.

A ideia lhe agradara muito porque, realmente, havia

se encantado com sua filha e sentia vontade de conhecê-la melhor.

Passados silenciosos vinte minutos por parte dos dois, claramente notados por Rosa, Celso tomou a liberdade de convidar Nelly para tomar um pouco de ar puro na varanda do clube, sendo prontamente atendido por ela, pois gostaria de tentar, de alguma maneira, falar com Tales. E assim o fizeram, porém, a parte externa do clube, que dava para a praça, já se encontrava tomada por jovens, e dirigiram-se, então, para o outro lado, já que a varanda praticamente contornava a imponente construção.

Nelly ainda conseguiu, olhando, disfarçadamente, por cima do ombro, ver Tales sentado no banco do jardim da praça. Por sorte, o moço não a viu.

Após sentarem-se em duas poltronas próximas, Celso iniciou uma conversação bem sincera com ela.

– Nelly, percebo que se encontra triste e pouco animada com a festa. Está acontecendo alguma coisa? Posso fazer algo para ajudá-la?

A moça olhou fixamente para ele, e seus olhos começaram a se umedecer, confirmando a impressão do rapaz.

– O que está acontecendo, Nelly? Pode confiar em mim. Já lhe disse que farei o que for necessário para ajudá-la.

E a moça, percebendo sinceridade em suas palavras, e muito abalada emocionalmente com tudo o que lhe acontecera nos últimos dias, desde o velório dos pais de Tales, resolveu abrir seu coração para ele que, apesar de ser um estranho para ela, era, naquele momento, a única solução para o que estava sentindo.

– Eu penso estar apaixonada por uma pessoa, e ela me viu entrar aqui, quase que de braços dados com você e...

Celso viu-se, naquele momento, bastante sensibilizado e culpado pelo que ela estava sentindo e disse-lhe:

– Desculpe-me, Nelly, se estou lhe causando esse constrangimento, mas estou disposto a resolvê-lo. Posso até falar com essa pessoa e solucionar esse mal-entendido. Mais uma vez, peço desculpas a você por ter-lhe oferecido o braço. Eu não sabia. Seus pais não sabem desse seu sentimento?

– Não, até porque, seria a última coisa que desejariam.

– E esse rapaz?

– Não sabe o que estou sentindo por ele, apesar de que penso que também sente o mesmo por mim.

– Ele encontra-se aqui no clube?

– Não. Ele está sentado num banco da praça.

– Eu não estou entendendo bem, Nelly. Poderia me explicar melhor, e de maneira mais clara, para que eu possa fazer algo em seu benefício? – sugeriu Celso, com pena dela, mas, ao mesmo tempo, divertido com todo aquele mistério.

– Ele não veio ao baile por causa da morte de seus pais, há poucos dias.

– Morte de seus pais? Você está se referindo ao Tales?

– Você o conhece?

– Muito pouco, mas sei algumas coisas sobre ele, principalmente, depois da tragédia ocorrida com seus pais. E fiquei sabendo de alguns detalhes de sua vida porque, após esse triste acontecimento, as pessoas falam e comentam muito, não é?

– É verdade.

– Também fiquei sabendo que o pai dele começou a embriagar-se depois que acabou perdendo o que tinha num negócio que não deu certo. E comentaram que há uma ação judicial contra seu Narciso, não?

– Tales já a retirou da justiça.

– Retirou? Como assim?

E Nelly resumiu tudo o que acontecera após a morte dos pais de Tales, a conversa do pai com o advogado, e aí sim, em pormenores, o diálogo que teve com o rapaz na casa de dona Mirtes, a costureira. Inclusive, sobre a venda dos anéis de formatura e que Celso disse já ter comprado um para sua irmã, no ano anterior.

– Não resta dúvida de que Tales é uma boa pessoa, Nelly.

– É, sim.

– E você encontra-se apaixonada por ele ou, pelo menos, imagina que sim, mas teria que enfrentar o seu pai, não é?

– Não sei se apenas imagino, Celso. Penso ter certeza.

– Tudo bem e, hoje, por causa de uma inconveniência de minha parte, causei-lhe essa grande preocupação, não é?

– É...

– Perdoe-me, Nelly

E o rapaz pensou por alguns segundos e tomou uma resolução.

– Venha, vou levá-la até a mesa de seus pais e vou sair por uns instantes. Se perguntarem por mim, diga-lhes que precisei me ausentar um pouco, mas que já volto.

– Aonde vai? – perguntou a moça, a caminho do salão.

– Já lhe disse. Vou sair por alguns instantes e já volto.

– Mas...

– Não se preocupe, sei o que estou fazendo.

E saiu apressado, enquanto Nelly explicava aos pais a ausência momentânea de Celso, dizendo apenas que ele disse que já voltaria.

– Ele não lhe falou o que ia fazer?

– Não, pai.

E Nelly sentou-se, preocupada com o que Celso teria ido fazer.

"Será que foi falar com Tales? Dizer-lhe que foi só uma gentileza de sua parte oferecer-me o braço? Meu Deus! Será que irá lhe falar sobre os meus sentimentos?"

Capítulo 27

– FOI QUANDO CELSO demonstrou ser uma grande e generosa pessoa, Nelly, compreendendo os seus sentimentos – disse Tales, aconchegando mais a esposa, junto a si.

Tales ainda se encontrava sentado no banco, ouvindo as canções da orquestra, muito triste pelo que havia visto. Conhecia Celso como o filho e herdeiro do dono de grande cerealista instalada na cidade.

"Também – pensou –, acho que estava sonhando demais. É claro que Nelly escolheria uma pessoa que pudesse lhe oferecer uma vida tranquila e segura. Imagino que me iludi com a sua simpatia e com o seu interesse em saber como eu estava me sentindo ou, talvez, ela estivesse apenas curiosa em saber por que teria tomado aquela decisão.

E ela não tem culpa nenhuma disso. É uma boa moça, uma boa alma e merece o melhor."

E encontrava-se tão absorto nesses pensamentos, que nem reparara que Celso já atravessara a rua em sua direção, percebendo isso apenas quando ele chegou bem perto.

– Tales?

Surpreso, o rapaz necessitou de alguns bons segundos para perceber o que estava acontecendo e quem era que o chamava pelo nome.

– Sou eu.

– Posso falar com você por alguns momentos?

– Sim. Quer sentar-se?

– Quero – respondeu Celso, já sentando-se ao seu lado. – Meu nome é Celso, e você já deve ter ouvido falar em mim.

– Sim, sei quem é você, inclusive já tive a oportunidade de, por uma vez, falar-lhe.

– Já, sim.

– Foi no começo do ano passado. Eu vendi um plano de anel de formatura para sua irmã, e foi você quem assinou o contrato quando lhe entreguei o carnê de pagamento.

– É verdade, Tales.

– Bem... Estou à sua disposição.

Celso fitou Tales bem nos olhos e disse-lhe:

– Sabe, Tales, vim aqui falar com você, de minha livre e espontânea vontade, para explicar-lhe uma coisa, mas, antes, devo dizer-lhe que ela gosta mesmo é de você.

Tales espantou-se, bastante confuso.

– Ela gosta de mim...

– Sim, pelo menos foi o que pude apurar – respondeu o moço, não querendo dizer a Tales que Nelly lhe revelara estar, ou pensando estar, apaixonada. Isso era algo que somente ela lhe deveria revelar, no momento que achasse mais oportuno ou que tivesse real certeza disso.

– Pôde apurar... De quem está falando?

– Da Nelly.

– Da Nelly...?

– Isso mesmo, Tales, ela gosta de você, pelo menos, foi o que pude perceber.

– E por que veio até aqui me dizer?

– Sabe, Tales, eu sou solteiro, trabalho bastante e ainda não encontrei alguém que eu pudesse dizer amar. Já namorei algumas vezes, mas não senti o que acredito que um dia virei a sentir por uma mulher.

– Entendo...

– Quando Nelly voltou para esta cidade e a reconheci, e digo que reconheci porque, quando foi embora para estudar, não passava de uma adolescente ainda, senti algo de especial nela.

– Também compreendo perfeitamente.

Celso sorriu diante da confirmação de Tales e continuou:

– Um dia, encontrei-me com a senhora Rosa e comentei com ela sobre a beleza de sua filha e que gostaria de um dia poder conversar com ela, conhecê-la melhor, e percebi que ela apreciou o que eu disse e até fiquei surpreso quando ela, num outro encontro casual, por estes dias, disse-me que viriam a este baile e que, se eu quisesse, poderia sentar-me com eles.

Acontece que, hoje, vi quando seu Narciso ia estacionar o carro e, procurando ser gentil, abri as portas, e ao nos encaminharmos até o clube, ofereci o meu braço para Nelly que, inocentemente, o aceitou.

E, pelo que ela me falou, você viu quando isso aconteceu e... bem... não preciso falar mais nada, não? Foi por esse motivo que vim lhe falar para informá-lo que não existe nada entre nós.

Tales permaneceu por uns momentos pensando sobre o que tinha ouvido e disse, um pouco constrangido com aquilo tudo:

– Celso, eu agradeço essa sua disposição em vir me relatar e, da mesma forma, tenho que ser sincero com você... Quero dizer, também não há nada entre nós, apesar de que, realmente... não sei como lhe dizer...

– Está apaixonado por ela? Amor à primeira vista? – perguntou, sorrindo.

– É isso mesmo – respondeu, categórico, o jovem.

– Bem, tudo esclarecido?

– Tudo... e obrigado.

Celso balançou a cabeça, concordando e, bastante impressionado com a honestidade de Tales, principalmente com o episódio da retirada da ação na justiça, decidiu, então, fazer-lhe algumas perguntas e, talvez, uma proposta, pois o contador de sua empresa estava para se aposentar.

– Tales, já que estamos tendo esta oportunidade de conversar, fiquei sabendo... e nem adiantaria me perguntar como fiquei sabendo, porque não me lembro, inclusive, como disse a Nelly, depois do falecimento de seus pais, muito se comentou na cidade... Fiquei sabendo que você cursou o colegial numa escola de contabilidade e que, depois, iniciou uma Faculdade e teve de parar com os estudos para trabalhar.

– Isso mesmo.

– O que eu gostaria de saber é o seguinte: você entende bem de contabilidade?

– Não tenho prática, Celso, porque nunca cheguei a trabalhar com esse tipo de serviço, mas como gosto muito dessa atividade, tenho procurado manter-me informado sobre o assunto. Gosto também, e bastante, de estatística, que até chega a ser um *hobby*, pois sempre que vejo dados em alguma notícia de jornal ou revista, já me vejo colocando tudo em porcentagem para poder avaliar e compreender melhor o fato. Considero a estatística uma ferramenta fundamental para uma empresa.

– São poucas as pessoas, mesmo empresários, que dão o devido valor a essa ferramenta, mas ela é muito importante em várias resoluções que, muitas vezes, temos que tomar.

– Também gosto de calcular custos, com vistas a entender o lucro real. Sempre gostei muito de Matemática, tanto que era o que cursava na Faculdade. Mas por que me pergunta?

– Você ganha bem, Tales? Quero dizer, no trabalho que realiza. Vende relógios e anéis de formatura, não?

– Isso mesmo.

– Ganha bem?

– Vamos dizer que consegui ajudar meus pais com as despesas da casa, mas os gastos são altos, principalmente por causa das viagens que tenho de fazer.

– Eu entendo. Bem... Você não gostaria de tentar, sei lá, experimentar trabalhar para mim?

– Para você? Como assim?

– Vamos dizer que estou necessitando de alguém que entenda de contabilidade e cálculos na cerealista. E alguém jovem, disposto a inovar, enfim, que goste e entenda de Matemática. E que seja honesto, como imagino que você seja. E para ganhar mais, com certeza, do que deve estar ganhando com o que faz.

– Eu gostaria muito, mas, primeiro, você precisaria avaliar os meus conhecimentos e também a minha força de vontade.

– Faremos isso, na verdade, esta é apenas uma conversa inicial. Poderia me procurar na segunda-feira, lá na empresa, às nove horas da manhã?

– Vou, sim. Às nove horas, estarei lá.

– Então, estamos combinados. Vou voltar para o baile e tranquilizar Nelly.

– Muito obrigado por tudo, Celso.

– Tenho certeza de que iremos nos dar muito bem, Tales.

– Espero que sim.

– Tchau.

– E eu não estava conseguindo me conter de tanta preocupação – disse Nelly –, tanto que dei um jeito de aproximar-me da janela, num momento em que meu pai foi ao sanitário do clube e os vi sentados no banco do jardim, conversando. Retornei à mesa e não via a hora de Celso voltar para poder me inteirar sobre o diálogo que havia mantido com você.

Quando Nelly viu Celso entrando no salão, sentiu seu sangue gelar. O moço aproximou-se da mesa com largo sorriso no rosto.

– Aconteceu alguma coisa, Celso? – perguntou Narciso, preocupado.

– Desculpem-me a ausência repentina, mas não há

nada com o que se preocuparem. E, virando-se para Nelly, convidou-a a dançar, o que ela aceitou, já levantando-se na mesma hora, pois queria saber o que ele havia conversado com Tales.

Foram para o meio do salão e, dançando, Celso colocou-a a par de tudo o que havia falado com o rapaz.

– Quer dizer que você notou que ele estava triste, imaginando que nós dois estávamos namorando?

– Inconsolável – brincou Celso.

– Fale sério – pediu a moça, agora sorrindo.

– Estou falando sério. De qualquer forma, demonstrou ser uma pessoa muito compreensiva e deveras educado e equilibrado.

– E você irá contratá-lo para trabalhar na sua empresa?

– Penso que sim, pois estou necessitando muito de alguém para me ajudar na administração. Alguém com vontade de trabalhar, alguém que tenha responsabilidade, equilíbrio, interesse e que, acima de tudo, seja honesto. E, sinceramente, percebi todas essas qualidades nele, não somente pelo que você me relatou, como pela conversa que tivemos que, apesar do pouco tempo, deu para concluir.

– Nem sei como lhe agradecer, Celso. Você é um homem muito bom.

– Não é bem assim. Eu apenas aprendi a analisar as pessoas. E gosto muito de ajudar as bem-intencionadas. É evidente que também vejo o lado dos negócios. Mas tenho convicção de que Tales será uma boa aquisição para a empresa. E se ele corresponder, como imagino, saberei recompensá-lo financeiramente.

Novamente, os olhos de Nelly brilharam.

– Não vá chorar, hein? Também gosto de ajudar as pessoas que se amam.

– Muito obrigada, Celso. Que Deus o abençoe.

– E eu espero que seu pai compreenda e tenha o mesmo pensamento sobre o amor, como eu tenho.

– Eu não acreditava muito em anjos da guarda, mas, a partir de agora, tenho tudo para crer, inclusive, que muitos deles se encontram entre nós, em carne e osso.

– Ainda me falta uma coisa, Nelly.

– O que lhe falta?

– Um par de asas.

Capítulo 28

NA NOITE SEGUINTE, no Plano Espiritual, Nelly encontrava-se bastante entusiasmada com as lembranças, enquanto Tales se deleitava com as palavras da esposa, uma eterna e admirável romântica.

– E na quinta-feira da semana seguinte, foi que tudo veio à tona – continuou Nelly, divertindo-se. – Que sufoco, hein, Tales?

– Lembro do que me contou. E eu encontrava-me agoniado porque não tivera ainda a oportunidade de me encontrar com você. Naqueles tempos, anos sessenta, era tudo difícil, não? Hoje já é tudo mais fácil para os jovens enamorados.

Na segunda-feira, fui até a empresa, e conversamos bastante, eu e Celso. Fez-me muitas perguntas e ficou satisfeito comigo. A partir dali, precisei ir até a distribuidora de relógios e joias para comunicar que estava deixando aquele trabalho de representante comercial. Para isso, fui até a Capital. Depois, desdobrei-me em busca de minha documentação para o emprego e já comecei a trabalhar.

Cheguei a levar serviço para casa a fim de inteirar-me sobre o trabalho que teria de desenvolver na empresa. Por sorte, seu Humberto, que estava para se aposentar, deu-me uma grande ajuda, pois conhecia todos os serviços contábeis da firma.

E somente conseguimos nos encontrar "por acaso" na casa de dona Mirtes, no sábado.

– E meus pais que achavam que tudo estava dando certo entre mim e Celso pelo fato de encontrar-me muito feliz? Não imaginavam que era pela perspectiva de ver você. Até que, na quinta-feira, Sônia foi até a minha casa e fez a grande revelação.

– E como isso aconteceu, mesmo? Conte-me. Não vou acordar ainda.

– Vamos voltar um pouquinho ao baile...

Depois de conversar com Nelly, por três músicas seguidas, a respeito de Tales, foram sentar-se novamente, até que o moço convidou Sônia para dançar, talvez, numa

atitude gentil, porque nenhum dos rapazes presentes no baile tinham-na convidado.

Não que Sônia não fosse bonita e atraente, mas, talvez, porque ela parecia não se interessar por nenhum deles. Naquela época, era comum a moça e o moço flertarem um pouco como um sinal positivo para que ele fizesse um convite. E isso não acontecera.

Mas Sônia aceitou o convite de Celso, e acabaram por dançar várias vezes.

Nelly, por sua vez, percebeu que seus pais já estavam estranhando o fato, pois tinham a certeza de que Celso se interessara mais pela filha, apesar de que ela não demonstrava nenhum ressentimento por isso, apresentando nitidamente uma grande alegria.

Até chegaram a pensar que ela combinara com Celso para que ele dançasse um pouco com a amiga. E sentiram-se aliviados quando o rapaz dançou as últimas músicas da festa com a filha.

Mas, na quinta-feira, quando Narciso, Rosa e Nelly haviam terminado de jantar, Sônia chegou com uma surpresa.

– Oi, Sônia, entre – convidou Rosa.

– Nelly está?

– Estamos todos na sala de jantar. Venha. Quer comer alguma coisa?

– Não, dona Rosa. Apenas passei aqui para trazer uma novidade.

– Uma novidade? – perguntou a mulher, demonstrando satisfação com a euforia dela.

– Oi, Sônia – cumprimentaram Nelly e Narciso, quando ela chegou até eles.

– Sente-se aqui, minha amiga. Ouvi você falar em novidade e parece-me muito contente.

– Pois vocês não vão acreditar!

– Ganhou na loteria? – brincou Narciso.

– Mais que isso.

– Deixe-me ver – arriscou Rosa. – Está namorando.

– Acertou.

– Parabéns, Sônia – cumprimentou a mulher. – E quem é o felizardo?

– Vocês também não irão acreditar.

– Pois fale, Sônia – brincou Narciso.

– O Celso!

– O Celso? – perguntaram, quase em uníssono, Rosa e Narciso, incrédulos e apalermados.

E quase não acreditaram quando Nelly se levantou com largo e sincero sorriso nos lábios e abraçou a amiga, quase levantando-a do chão.

– Parabéns, Sônia! Você não imagina como estou feliz! O Celso é um ótimo moço, bom, educado, simpático e atencioso. E ele está tendo a maior sorte do mundo por ter feito essa escolha. Vou rezar bastante pela felicidade de vocês.

– Mas... – ainda exclamou Narciso, olhando para todos os lados, sem nada compreender.

E as amigas foram para o quarto de Nelly, onde Sônia iria contar, com mais detalhes, sobre como tinha acontecido.

– Não estou entendendo mais nada, Rosa – lamuriou o homem, visivelmente atordoado. – Você disse que o Celso tinha interesse em nossa filha. E eu até achava que havia alguma coisa no ar, já que, por todos estes dias, tenho percebido alegria nos olhos de Nelly. Alguma coisa deve estar acontecendo, Rosa.

– Fique calmo, Narciso. Não vamos fazer nenhum

campo de batalha por causa disso. Não podemos obrigar ninguém a namorar nossa filha. Eu também gostaria muito que assim tivesse acontecido, mas o que se pode fazer?

– É que eu pensei... Nelly anda tão contente...

– Penso que é porque logo vai começar a trabalhar, dar aulas.

– É... Pode ser. E, como você disse, o que se há de fazer?

Capítulo 29

DEPOIS QUE SÔNIA se despediu, Narciso anunciou que iria para o quarto dormir, enquanto Nelly e a mãe ainda iriam permanecer mais algum tempo na sala.

A moça encontrava-se examinando alguns livros que iria utilizar nas aulas, e Rosa entretinha-se com uma revista especializada em modas.

– Nelly – disse ela, chamando para si a atenção da filha.

– O que é, mamãe?

– Gostaria de conversar um pouco com você.

– Sobre o quê, mamãe?

– Para falar a verdade, gostaria que abrisse seu coração comigo, filha. Sou sua mãe e desejo o melhor para você. Percebo que algo está acontecendo e quero ajudá-la. Veja em mim uma amiga leal, Nelly, daquelas em quem você pode confiar.

– O que a senhora está percebendo, mãe?

Dona Rosa pensou um pouco e disse:

– Gostaria de saber o que aconteceu no baile. Digo isso, porque, no início, você parecia triste e até mesmo preocupada com alguma coisa. Não conversava, olhava para os lados a todo instante, parecendo estar esperando que alguém aparecesse.

Celso, com certeza, percebendo essa sua ansiedade, acabou por convidá-la a sair para a varanda e retornou pouco tempo depois, acompanhando você e ausentando-se em seguida. Ao retornar, convidou-a para dançar e percebi que ele ficou todo o tempo falando com você, de uma maneira que me pareceu estar lhe dando algumas explicações. Estou certa?

– Está, mamãe.

– Depois, dançou bastante com Sônia e, para terminar, vocês voltaram a dançar. Mas o que mais estranhei foi o fato de que, depois de dançarem pela primeira vez, após a longa e, imaginei, detalhada conversa que tiveram, você mudou seu humor repentinamente, demonstrando indisfarçável euforia.

E todos estes dias, após o baile, tem demonstrado contagiante alegria no semblante e até nas palavras.

E agora, Sônia chegou com essa notícia, e você vibrou tanto que, sinceramente, não consigo entender.

Nelly sorriu para a mãe, mas, em seguida, seu semblante turvou-se numa visível demonstração de tristeza.

– Sabe, mãe, sinto-me feliz e, ao mesmo tempo, triste e preocupada.

– Percebi isso também – confirmou Rosa, pensando, por alguns segundos, até continuar –: Minha filha, eu amo você acima de tudo e de todos, por isso, peço-lhe que confie em mim, no meu amor de mãe e abra seu coração comigo.

Nelly olhou intensamente para a mãe e, com repentino brilho no olhar, confessou-lhe:

– Estou apaixonada, mamãe.

– Apaixonada? Mas isso é motivo de alegria, a não ser que essa paixão não esteja sendo correspondida.

– Está, mãe. Tenho certeza disso.

– E por que, então, a tristeza e a preocupação? E quem é esse felizardo por quem minha doce filha se apaixonou?

– Aí reside o problema.

– Problema? E qual seria o motivo desse problema? Seria alguém que...

E nesse momento íntimo entre ela e a filha, dona Rosa teve um vislumbre e quase uma confirmação.

– Seria... quem eu estou pensando?

– Pode ser que sim, mãe.

– Você tem certeza do que está sentindo, Nelly?

– Tenho, mamãe.

– Tales...?

– Sim, Tales.

– Meu Deus...! – exclamou dona Rosa, olhando para o lado, como que à procura de alguma explicação em algum ponto do espaço. Mas, lembrando-se de que dissera à filha que poderia confiar nela como a uma amiga, controlou-se e, apanhando as mãos dela entre as suas, perguntou:

– Diga-me, filha. Como isso tudo aconteceu?

E Nelly lhe contou que, desde que o vira no velório, começara a sentir grande carinho por ele, carinho que foi se transformando em amor até atingir o auge da confirmação desse sentimento ao conversar com ele, num encontro casual, disse ela, na casa de dona Mirtes.

Mencionou as explicações de Tales sobre o porquê de ter retirado a ação contra o seu pai, e o fato de ter interrompido a venda dos anéis de formatura na cidade deles.

E, ao narrar tudo de uma forma bastante fiel às palavras do rapaz, acabou por sensibilizar a mãe que, mesmo contrariada, não podia negar que Tales era uma pessoa de bom coração e muito sensata nas decisões.

A seguir, Nelly contou-lhe sobre tudo o que aconteceu no baile, da conversa de Celso com ele e a razão de sua alegria.

– Celso ofereceu um emprego a ele?

– E pelo que me disse, um bom emprego, mamãe. Tales deverá ganhar bem se corresponder às expectativas do Celso.

– Mas Celso o conhecia?

– Disse-me que o conhecia de vista e que ficou sabendo um pouco mais sobre ele porque, com a morte de seus pais, houve muitos comentários a respeito dessa tragédia e inclusive sobre os problemas de seu Teodoro com papai.

– E deve ter havido mesmo, filha. Mas... Por que Celso o contratou?

– Ele disse que ficou muito impressionado com a decisão de Tales sobre a ação judicial e que, conversando com ele, percebeu muita honestidade, responsabilidade, grande capacidade e vontade de trabalhar. E que estava precisando de alguém com essas características para auxiliá-lo na administração da empresa. De qualquer forma, ainda não consegui conversar com Tales.

– E você acha que Tales gosta de você também?

– Ele ainda não me disse, mas sinto em meu coração, e Celso, pela conversa que teve com ele, imagina o mesmo. Bem, mamãe, contei-lhe tudo o que queria saber. Agora, gostaria de ouvi-la.

– O que posso lhe dizer, Nelly?

– Diga o que pensa, simplesmente.

– Bem... Eu confesso que fiquei muito impressionada e até me emocionei com as explicações que Tales lhe deu a respeito da ação e tudo o mais e até mudei a minha maneira de pensar sobre a atitude dele no velório, vindo nos agradecer pela nossa presença. Cheguei até a concordar com seu pai, que diz que tudo não passou de uma maneira de ele nos humilhar e que isso não passara de uma falsa demonstração de amabilidade numa tentativa estudada de impressionar os presentes.

– Meu Deus, mamãe! Papai pensa assim, e até a senhora chegou a pensar também?

– Sim, mas, agora...

– A senhora irá me ajudar, mamãe?

Dona Rosa permaneceu em silêncio por alguns segundos até pronunciar-se:

– Farei o que estiver ao meu alcance, filha. Se for para a sua felicidade... apesar de que devo lhe confessar que ainda tenho alguma dúvida, mas, sinceramente, tenho também desejos de que você esteja certa.

– Obrigada, mamãe – exclamou a moça, abraçando-a.

– E o que quer que eu faça? Que fale com seu pai?

– Penso que o melhor seria aguardar mais um tempo. Gostaria, por enquanto, que me auxiliasse a conversar com Tales.

– Vou ver o que posso fazer, Nelly. De qualquer forma, se dona Mirtes puder continuar colaborando com isso...

– Mãe, a senhora é fantástica!

Capítulo 30

NA MANHÃ SEGUINTE, quando Nelly e seus pais estavam fazendo o desjejum, Narciso, sem levantar os olhos, comentou:

– Sabem? No baile, aconteceu uma coisa que me deixou bastante intrigado.

– E o que foi, Narciso?

– Foi quando Celso trouxe Nelly até a mesa e saiu.

Nelly permaneceu em silêncio, e dona Rosa perguntou novamente:

– E o que preocupa você? Quando ele retornou, disse que não era nada importante.

Narciso apertou os lábios e, com fisionomia desconfiada, explicou:

– Acontece que, alguns minutos depois de ele sair, fui até o sanitário do clube e distraidamente, ao passar por uma das janelas, olhei em direção à praça.

– À praça, papai? – perguntou Nelly, preocupada, já antecipando em sua mente o que pai devia ter visto.

– Sim, filha, e vi algo que achei um pouco estranho.

– O que viu, Narciso? – quis saber dona Rosa, também desconfiada.

– Vi Celso sentado em um dos bancos, conversando com aquele rapaz, filho do Teodoro.

– O filho de seu Teodoro tem nome, pai.

– Sei que tem nome, Nelly! É Tales... Mas o que Celso tem a ver com ele?

– Pode ser que sejam amigos, Narciso.

– Amigo do Tales?!

– E qual o problema? – perguntou Rosa, já um pouco revoltada.

– Qual o problema? Celso é um moço fino, bem de vida, honesto, trabalhador e não devia se misturar com o filho de um homem que queria me prejudicar! Afinal de contas, nós o convidamos para sentar-se conosco no baile! E, com certeza, ele deve saber, como a maioria da cidade sabe, que Teodoro entrou com uma ação na justiça contra mim.

Nesse momento, dona Rosa não conseguiu mais se conter:

– Ora, Narciso, agora você já está passando dos limites! Tenha a santa paciência, homem!!!

Narciso assustou-se com a reação da esposa e quase balbuciou ao lhe perguntar:

– O que é isso, Rosa? O que deu em você?

– O que deu em mim?! O que deu em mim é que já não aguento mais ouvir você falar dessa tal de ação! E, ainda por cima, falar mal do Tales, desse jeito!

– Você o está defendendo?

– Estou apenas sendo justa, Narciso! – respondeu a mulher, num tom de voz mais indignado e enérgico. – O que é que Tales tem a ver com o mau negócio que você e Teodoro fizeram?

– Mau negócio? Eu o paguei...

– Pagou, sim, mas pelo que o seu advogado disse na sexta-feira, já estou começando a acreditar que pagou bem menos do que ele merecia.

– O que você está dizendo?

– O que você ouviu, porque o doutor Luiz Alberto disse claramente que você, com certeza, perderia a ação se fosse feita uma nova avaliação da loja!

Narciso nada conseguiu falar, impressionadíssimo com a firmeza das palavras da esposa.

– Além do mais, por que continua com essa história?! Só sabe falar nisso! Até parece que fala a todo o instante no intuito de justificar alguma coisa! Por que falar mais?! Tales já não retirou a ação?! E, agora, diga-me: Quem é o melhor de toda essa história? Você, que não para de querer se justificar ou o Tales, que preferiu pôr um ponto final nisso tudo? Você, que nem teve a gentileza de ir lhe agradecer por esse ato, ou o Tales, que veio nos agradecer a presença no velório de seus pais, mesmo, talvez, acreditando na história que o pai lhe contou a respeito da venda da loja? Você, que foi ao baile para comemorar essa generosa ação dele, que até pagou as custas do advogado do pai, ou o Tales que, preferindo a paz e a tranquilidade para ambos, ainda arcou com as despesas advocatícias? Você o ataca sem misericórdia, e ele nada fez contra você. Quem é o melhor? Seja sincero. Você ou ele?

O homem, sem ação e sem palavras, permaneceu em silêncio, com os olhos arregalados e a boca aberta, totalmente apalermado e estupefato.

– E sabe o que mais, Narciso?

Narciso baixou o olhar e balançou negativamente a cabeça.

– Por tudo isso, Narciso, e vou falar com todas as palavras, de forma bastante clara, para que eu não precise repetir, porque, com certeza, irá dizer "o quê?!". Não é?

– O que vai me falar, Rosa? – perguntou o homem, mais impressionado ainda com a esposa.

– Vou lhe falar que, por isso tudo, nossa filha... bem... ela sente que está gostando dele... você entende...

– O quê?!

– Você me ouviu bem, Narciso! – insistiu a mulher.

– Mas como, Nelly? Você nem o conhece direito.

A moça, ainda espantada diante da reação da mãe, respondeu, timidamente:

– Bastou que eu conversasse apenas duas vezes com ele para que isso acontecesse, pai. E sinto que ele também sente o mesmo por mim.

– Foi por causa de você que ele retirou a ação da justiça, Nelly?

– Não, pai. Ele fez isso antes de eu vê-lo em casa de dona Mirtes.

– E eu vou dar todo o meu apoio, Narciso – afirmou a esposa.

O homem apoiou a cabeça entre as mãos e, estranhamente humilde, pronunciou-se:

– Não posso lhe dizer que é do meu agrado, filha, mas faça o que achar melhor para você. Já estou mesmo cansado de toda essa história. E espero que esteja certa quanto a esse rapaz.

– Ainda não conversamos sobre isso.

– Você sabe o que Celso queria com ele, ontem, lá na praça?

E Nelly contou tudo ao pai, terminando por abraçá-lo carinhosamente.

Capítulo 31

– E O NOSSO PRIMEIRO encontro na casa de dona Mirtes? Nunca irei me esquecer – disse Nelly. – Digo, primeiro, porque foi quando pudemos externar o que estávamos sentindo um pelo outro.

– Para mim, foi emocionante, Nelly. Quase perdi a fala – respondeu Tales, rindo de si mesmo.

– Como deveria ser, eu cheguei primeiro que você, só que quase uma hora antes e nem sei quantas vezes me dirigi à janela para ver se o via. Mesmo sabendo a hora que marcamos, sempre achava que acabaria chegando antes.

– Também estava ansioso e por pouco não fui antes. Só não o fiz porque não sabia se você já estaria lá e achei que seria deselegante chegar primeiro.

– Lembro-me como se fosse hoje.

– Boa tarde, dona Mirtes.

– Boa tarde, Nelly, mas entre, entre.

– Penso que cheguei muito cedo, não?

– De maneira alguma, assim podemos conversar um pouco antes de ele chegar.

E as duas sentaram-se, desta feita, na cozinha como se estivessem guardando a sala para o importante encontro.

– E, então, Nelly, está nervosa?

– Estou, dona Mirtes, porque também não sei o quê, ou como, dizer-lhe. Afinal de contas, fui eu quem o convidou, através da senhora, para ele vir aqui.

– Mas já lhe disse que, quando fui falar com ele, Tales confessou que havia tido a mesma ideia, pois necessitava muito encontrar-se com você.

– E o que mais ele lhe falou, dona Mirtes?

– Mais nada. Apenas que agradecia a minha colaboração e que chegaria no horário combinado.

Quando os ponteiros do relógio de parede marcaram o momento tão aguardado, ouviram palmas no portãozinho da casa.

– Ele está aí, dona Mirtes...!

– Fique calma e venha para a sala.

Nelly levantou-se e foi sentar-se numa das poltronas na sala de estar enquanto a mulher abria a porta e convidava o rapaz a entrar.

– Boa tarde, dona Mirtes.

– Por favor, entre.

– Oi, Nelly – cumprimentou, estendendo a mão.

– Tudo bem, Tales? – perguntou a moça, dando-lhe a sua, num leve aperto, um pouco mais demorado que o que seria natural, e isso, por parte dele.

– Sente-se, Tales – convidou dona Mirtes, indicando-lhe outra poltrona bem defronte à de Nelly.

– Fiquem à vontade para conversar, pois tenho que fazer umas costuras na minha sala de trabalho, lá nos fundos. Se precisarem de alguma coisa, é só me chamar e não precisam ter pressa. Mas, antes de irem, digam-me, pois quero passar um café para nós. Tudo bem?

– Tudo bem, dona Mirtes, e mais uma vez, muito obrigada.

A senhora saiu, deixando os dois a sós e, antes que Nelly dissesse alguma coisa, Tales se adiantou:

– Nelly, se me permite, gostaria de dizer-lhe algumas coisas, antes de você, até porque eu iria tentar com dona Mirtes um encontro para hoje.

– Pode falar, Tales – concordou a moça, aliviada e agradecida por ele ter tomado essa decisão de iniciar a conversa.

Tales soltou um leve suspiro, mais para espantar o nervosismo que lhe tomava conta, tomou-se de coragem e iniciou:

– Bem, Nelly, eu não sei se você resolveu falar comigo pelo mesmo motivo que eu. Se não for, também não vou me sentir constrangido e nem desejo que você fique, mas com toda a sinceridade, tenho de falar-lhe.

– Estou ouvindo, Tales, e seja o que for, pode ter certeza de que não vou me magoar e nem sentir qualquer constrangimento.

– Eu quero lhe dizer... na verdade, confessar-lhe... e gostaria de ir direto ao ponto... que, desde que a vi no velório de meus pais, que saímos até a calçada e conversamos, quando você quis falar comigo, aqui mesmo, sobre o porquê da retirada da ação contra o seu pai, a minha vida mudou completamente. Você não sai mais dos meus pensamentos.

Tales parou por uns segundos, puxou o ar e disparou:

– Eu estou gostando de você.

Nelly, ao ouvir isso, experimentou uma sensação que nunca em toda a sua vida havia sentido, considerando essa experiência tal como as narradas nos romances que gostava de ler. Chegou mesmo a compará-la aos sinos tocando, tão usados nesse tipo de literatura. O ar faltou-lhe, mas não incomodou, o coração passou, num átimo de segundo, a pulsar tão rapidamente que lhe parecia fechar o peito e, na boca do estômago, um aperto prazeroso e agradável.

E todas essas sensações foram se avolumando à medida que o jovem continuou a confessar-lhe todo o seu sentimento.

– Na verdade, creio estar apaixonado por você. Um amor puro e profundo, Nelly.

E, terminando assim sua declaração, baixou os olhos por um rápido momento, levantando-os, logo em seguida, timidamente, e mirando os da jovem, no aguardo ansioso por suas palavras, fossem quais fossem.

Nelly endereçou-lhe um sorriso, o que o fez acalmar-se um pouco, pois, pelo menos, ela não demonstrava nenhuma censura ao que lhe dissera.

– Olhe, Tales, sei que não fica bem para uma mulher

revelar, já no primeiro momento em que um homem declara todo o seu amor por ela, o que sente por ele. Dizem, os entendidos nesse assunto, que uma mulher deve ser sempre mais recatada e sempre pedir um tempo para responder a ele. Outros até dizem ser um ato leviano a mulher declarar seus sentimentos já num primeiro encontro.

Mas diante do que já experimentamos nas poucas vezes em que nos encontramos, e pelo que estou sentindo neste momento, diante de suas palavras, de sua confissão de amor, envolvida que me encontro pelos sentimentos que me invadem, eu não poderia deixar para depois o que tenho para lhe falar.

Tales, você conseguiu com poucas palavras descrever o que também sinto por você. E a melhor coisa que pôde acontecer nesta tarde foi você ter pedido para falar primeiro, porque usou de uma sinceridade tão grande, de maneira tão simples, que conseguiu resumir tudo.

Eu também sinto o mesmo por você, Tales.

– Você aceita me namorar?

– Já me considero sua namorada, Tales.

E Tales, temendo ser abusado, apenas levantou-se e tomou as mãos de Nelly, beijando-as e voltando a sentar-se.

– E seus pais?

– Já lhes falei sobre isso, e acabaram concordando.

– Concordaram?!

– Ainda vou lhe contar como tudo isso aconteceu, Tales, e mamãe teve uma participação importante na aceitação por parte de meu pai.

– E você quer que vá pedir ao seu pai? Para namorá-la...

– Não sei, Tales. Eu preferia ir com calma. Vou comunicar à minha mãe primeiro. Daí, poderemos nos encontrar e sairmos juntos pela cidade, sem ser às escondidas.

– Poderemos sair hoje à noite? Gostaria de oferecer-lhe um sorvete – diz o rapaz, com enorme alegria a saltar-lhe dos olhos.

– Eu penso que sim.

Capítulo 32

– E DAQUELE DIA EM diante, só tivemos momentos de muita felicidade, não Tales?

– Todos, querida. O meu diálogo com seus pais, meu emprego na cerealista, a reforma de minha casa, que herdei de meus pais, o nosso casamento, o encontro com a Doutrina Espírita, e nossos filhos que foram chegando.

– Papai e mamãe também se interessaram pelo Espiritismo... Depois, a morte de papai em 1988. Nosso filho, Carlos, tinha 22 anos e havia acabado de formar-se em Matemática, assim como você, e, diante da morte do avô, decidiu, a pedido de minha mãe, tomar para si a direção da loja, administrando-a de tal forma, que a fez desenvolver-se cada vez mais.

– É verdade. Carlos se deu e se dá muito bem nesse ramo de negócio. E vou lhe dar uma ótima notícia.

– Uma ótima notícia?

– Ele está planejando abrir uma filial em outra cidade.

– Não me diga, mas será que ele dará conta, afinal, a cidade cresceu muito, e o movimento da loja aumentou bastante.

– Carlos pensa em colocar Roberto para administrá-la.

– Quem diria, Roberto, nosso neto mais velho, levando o nome da família nesse ramo.

– Inclusive, como você sabe, ele tem 22 anos, formou-se no ano passado e possui a mesma idade do pai, quando assumiu os negócios.

– É verdade. E ele concordou com isso?

– Quem? Roberto?! Está exultante!

– Gostaria tanto de vê-los! Irmã Lúcia me disse que, logo, logo, terei méritos para essa oportunidade, Tales.

– Que bom, Nelly. E quantos passeios e viagens fizemos com os nossos filhos, não?

– E com os nossos netos também.

– Você seria capaz de contar quantas festas de aniversário já realizamos em toda a nossa vida na Terra?

– Até poderia, mas necessitaria de um bom tempo para isso.

– Nós construímos uma bela história de amor, não?

– A Doutrina Espírita nos proporcionou isso, pois ela nos remeteu, com seus enunciados e com a forma de ver a vida, ao Evangelho de Jesus, e foi baseando-nos em Seus ensinamentos que conseguimos esse feito.

– Nem sempre acertamos e por vezes nos magoamos, um ao outro, com nossos erros e deslizes. Mas sempre soubemos, pelos conhecimentos da Doutrina Espírita, que viemos de passados com desacertos mais graves.

E por isso também soubemos perdoar um ao outro, oferecendo novas chances e oportunidades para que, assim, aprendêssemos com os dissabores.

– E quanto aprendemos, não, Tales?

– Muito, Nelly, principalmente porque estávamos construindo a nossa própria história nessa encarnação, apesar dos lances menos felizes, e nos amávamos, cientes de que, naqueles instantes, éramos uma família.

– Além do que, como o perdão fortalece os laços de união entre um casal que sabe reconhecer que ainda se encontra num caminho de aprendizado!

– Um aprendizado que, na maioria das vezes, pelo menos na Terra, planeta de provas e expiações, traz consigo dores e sofrimentos.

– E dificuldades que, se bem compreendidas e aceitas, somente fortalecem o amor.

– Sábias palavras, Nelly.

– Aprendi isso tudo com a vida, no dia a dia e com a experiência. E por isso Jesus nos ensinou a prática da humildade, no reconhecimento de que ainda somos aprendizes, que pouco sabemos, que somos diferentes uns dos outros, e que, nessa compreensão, através da análise sincera de nós mesmos, devemos enxergar primeiro a trave no nosso olho, antes de ver o argueiro no do nosso semelhante.

E, após alguns segundos de silêncio meditativo, Tales perguntou:

– E o Celso, Nelly? Teve alguma notícia dele? Já faz alguns anos que ele desencarnou.

– Ainda não soube nada. Com certeza, deve estar em alguma outra colônia ou cidade. Com a dedicação e a sua capacidade de produzir, deve estar envolvido em algum tipo de trabalho na área de produção. O que acha?

– Creio que sim. Na Terra, foi um bom homem, honesto, justo com seus funcionários e sempre pronto a auxiliar os mais necessitados. Graças a ele, oferecendo-me trabalho, conseguimos realizar muito, não?

– Ele soube reconhecer a sua dedicação, Tales, e você fez jus a essa confiança. Chegou a gerente-geral da cerealista e com uma pequena participação na sociedade, pequena para a empresa, mas expressiva para nós.

– Nesse ponto, apenas cumpri com a minha obrigação. De qualquer maneira, Celso foi um bom amigo.

– E o nosso padrinho de casamento.

– E ele fez questão disso.

– Eu me lembro.

– Sabe, Nelly – disse Tales, segurando as mãos da esposa –, eu consegui realizar muita coisa porque você sustentou todos os meus passos, com o seu carinho, a sua compreensão e o seu amor.

– Vamos dizer que fizemos uma boa dupla – esclareceu, rindo do que dissera.

– É verdade.

– E ainda poderemos realizar muito mais.

– Com você ao meu lado, a força e a vontade nunca hão de me faltar.

– Sabe o que mais gostei em você, desde o primeiro dia, no velório de seus pais?

– Não, querida, não quero ouvi-la me elogiando, não. Já lhe disse que, sem você, não seria o que fui e o que sou.

Mas a mulher não lhe deu ouvidos e continuou:

– Desde o primeiro instante em que o vi, naquela noite, gostei da maneira como agia e como agiu. Apaixonei-me, imediatamente, pelos seus sentimentos em relação aos seus pais, pela maneira desprendida e sincera com que nos agradeceu pela nossa presença.

Em seguida, pela sua honestidade ao argumentar que nada tinha feito para merecer qualquer quantia em dinheiro que aquela ação pudesse lhe proporcionar, pela humildade com que se revestiu quando foi falar com meus pais, informando-os do seu desejo de me namorar e sobre suas intenções, e por tudo o que fez por eles enquanto viveram.

Apaixonei-me também pela sua coragem e força de vontade, além da maneira simples e sempre justa com que encarou todas as dificuldades da vida.

E você? O que viu em mim?

– Nem preciso pensar, pois o que primeiro me conquistou, pode crer, foi a bondade que vi em seu coração, o seu espírito de liberdade e a sua firmeza de caráter ao resolver todas as dificuldades e encarar os problemas de frente, sem nunca deixar de ser terna e bondosa.

E Tales, permanecendo alguns segundos em silêncio, disse:

– Nelly, gostaria que pudéssemos viver sempre juntos,

que continuássemos a nos encontrar nas próximas vidas e que nos tornássemos marido e mulher em todas elas.

Nelly sorriu e, com muita tranquilidade, respondeu-lhe:

– Se for da vontade de Deus, talvez, por algum tempo, possamos estar juntos, mas o que importa é que estamos aprendendo o significado do amor puro e verdadeiro e, um dia, o amor universal. Você já leu no *O Evangelho Segundo o Espiritismo*, no capítulo "Amar ao próximo como a si mesmo", que os Espíritos Superiores explicam que quando Jesus disse "Amai vosso próximo como a vós mesmos" não havia limite para isso, porque, o que seria o limite do próximo? A família, a seita, a nação? Não. Seria a Humanidade toda.

– Você tem razão, meu amor.

– Além do que, Tales, todos sempre estaremos juntos.

– Eu a amo muito, Nelly.

– Eu também o amo muito.

Capítulo 33

DOIS DIAS DEPOIS, Tales, antes de se deitar, já com plena certeza de que se encontrava com a esposa durante a emancipação do Espírito, elevou emocionada prece, rogando a Deus, como sempre fazia, para que pudesse, nessa noite, encontrar-se com ela, novamente.

Tencionava fazer-lhe um convite e pediu também para que houvesse a possibilidade de ela poder atendê-lo.

Logo adormeceu e, com que alegria, mais uma vez, Nelly o aguardava no mesmo local.

E após as costumeiras demonstrações de carinho, desta feita, resolveram caminhar pelo lindo e perfumado jardim, à luz de brilhante luar.

Mais um encontro emoldurado de exuberantes flores, de rara beleza e cores.

Não muito longe, podiam-se ver as luzes da colônia com suas construções simples, mas de extremado bom gosto arquitetônico, quase todas a culminar com uma torre a encimá-las, como braços erguidos em agradecimento a Deus, boníssimo pai e criador.

E, enlevados pelo ambiente de paz e de amor, de mãos entrelaçadas, Tales disse, cheio de mistérios:

– Nelly, queria lhe fazer um convite.

– Um convite, Tales?

– Sim. Sábado que vem, vou proporcionar um encontro comemorativo com nossos filhos e netos, em nossa casa.

– Um encontro? – perguntou a esposa, divertindo-se com a ideia do marido. – E o que é que irão comemorar?

– É segredo.

– Não, isso não vale. Você vai dar uma festa para nossos filhos e netos e não vai me dizer o motivo?

– Será uma pequena comemoração íntima, Nelly, e quero convidar você.

– Eu? Mas como?

– Não sei, mas gostaria que você solicitasse, a quem de direito aqui, que permitisse que fosse até lá. Também não sei se isso será possível. Essa foi uma ideia que tive pela manhã e orei muito antes de dormir para que eu me encontrasse com você para convidá-la. Sei que não irei me lembrar se consegui lhe falar, nesta noite, mas vou considerar que sim.

– Tales, não sei se terei permissão. Existem muitos Espíritos que perambulam pela Terra quando desejam, outros nem saem de lá, e outros ainda que nem sabem que já desencarnaram e vivem presos mentalmente aos bens terrestres ou a pessoas que amam ou odeiam como se vivessem uma espécie de sonho, sem muita consciência, mas nós, que aqui trabalhamos e temos consciência de tudo, temos que nos pautar pela disciplina da colônia, assim como acontece em outras colônias ou cidades deste plano.

– Pelo menos, irá tentar?

– Sim, apesar de que me comprometi a aguardar uma oportunidade que me seria comunicada quando fosse possível ou conveniente. Mas vou tentar, sim. E você, não vai mesmo me revelar o porquê desse encontro comemorativo?

– Não, é segredo.

– Nunca tivemos segredos, Tales.

– Sempre há uma primeira vez para tudo, não? – perguntou, rindo.

– Está bem.

Nesse momento, alguém começou a se aproximar, e Tales prontamente reconheceu.

– Irmã Lúcia! Há quanto tempo!

A religiosa aproximou-se mais, estendeu-lhe a mão e, com expressivo sorriso de agradecimento, disse-lhe:

– Tales, que Deus o abençoe pela atenção, pelo amor e pelo carinho que dispensou ao meu irmão Bergue. Com certeza, ele nunca esquecerá que, nos últimos momentos de sua vida terrena, Deus enviou-lhe um anjo de ternura.

– Não diga isso, Irmã. Nada fiz a não ser a obrigação de servir a Jesus, servindo a um irmão mais necessitado que eu.

– Que Deus o abençoe.

E, voltando-se para Nelly, disse-lhe:

– Minha amiga, estava esperando você chegar ao alojamento para lhe dar uma ótima notícia, mas não aguentei esperar e vim lhe dar agora.

– E que ótima notícia seria, Irmã?

A mulher olhou para Tales, com largo sorriso de alegria estampado no rosto, e respondeu a Nelly:

– Chegou, enfim, a autorização para que você visite os seus filhos e netos.

Tales sentiu-se quase desfalecer diante daquelas palavras, e Nelly achegou-se mais a ele, abraçando-o.

– E poderia ser no sábado à noite, Irmã?

– Pois é exatamente esse o dia.

E o marido contou à Irmã sobre o convite que fizera à esposa. E a freira disse-lhe:

– Hoje, com certeza, Tales, você pôde aprender mais uma importante lição.

– Lição?

– Sim, a de que toda prece realizada com o coração e o sentimento puro é ouvida pelos sinceros e abnegados trabalhadores de Jesus e, com certeza, a sua foi captada e, automaticamente, endereçada a um de nossos mentores, encarregado das autorizações dessa ordem.

– Nem sei o que dizer... – falou Tales, profundamente tocado por aquelas palavras e tomado por benditas lágrimas de alegria.

– Estarei lá, meu amor – confirmou Nelly, também não conseguindo controlar a alegria, aninhando-se mais ainda ao marido.

Capítulo 34

ERA SÁBADO À NOITE, e três veículos estacionaram em frente à casa de Tales e deles desceram Carlos, Amanda, Roberto, Alfredo, Elisabeth, Carla, Lílian, Mário e Diogo.

Haviam combinado de chegarem juntos e cumprimentaram-se efusivamente, ainda na calçada.

– Mas o que será que papai está querendo comemorar? – perguntou Carlos aos outros.

– Que eu saiba – respondeu Alfredo –, ninguém aniversaria hoje, mas, enfim, aqui estamos.

– Ele me disse que irá fazer uma grande revelação – explicou Lilian.

– Uma grande revelação, mãe? O que poderá ser? – perguntou Diogo, por sua vez.

– Bem, de qualquer maneira, papai está contente, e é isso o que importa.

– Ele ainda acha que se encontra com mamãe durante

o sono? – perguntou Alfredo, que não se interessava tanto pela Doutrina Espírita, apesar de que, a exemplo dos irmãos, cunhadas e cunhado, frequentava às vezes o Centro Espírita para assistir a alguma palestra ou tomar um passe. Também todos contribuíam financeiramente com o trabalho assistencial, desde há muito tempo, e continuavam contribuindo até hoje, também no trabalho junto aos catadores de recicláveis e outros necessitados.

– Mas vamos entrar – sugeriu Carlos.

– Acho melhor tocarmos a campainha. O que acham?

– Uma boa ideia, pois não sabemos se papai estará querendo nos fazer alguma surpresa – comentou Lilian.

Alguns segundos depois, a porta se abriu, e Tales os recebeu alegremente.

– Entrem, entrem.

E os nove, assim que entraram na sala de visitas, perceberam que a casa se encontrava toda iluminada e que, certamente, a festa ou a comemoração se daria na sala de jantar, pois ali, a iluminação era mais intensa. Era um amplo cômodo e, assim que entraram, a surpresa tomou conta de todos.

Vasos com margaridas encontravam-se por toda a parte e logo entenderam o porquê, pois sabiam da predileção de Nelly por essa flor, cultivando-as sempre num jardim, localizado numa área de lazer na parte posterior da residência.

Mas o que mais chamou a atenção deles foi a reprodução de uma foto, bem antiga, em branco e preto, emoldurada e afixada na parede, de um rosto bem conhecido que instantaneamente reconheceram: o rosto de Nelly, aparentando cerca de seus vinte anos.

– Nunca vi essa foto, papai. É da mamãe, não? Quando era bem moça. Por que nunca a vimos?

– A foto original é bem menor, e um fotógrafo conseguiu, com recursos digitais, deixá-la assim. Bonita, não?

– Linda! – respondeu Lilian. – Mas por que nunca a vimos?

– Esse era um pequeno segredo entre mim e a mãe de vocês. Ela foi tirada por um fotógrafo quando Nelly tinha 19 anos e possui uma história interessante. Sua mãe disse que a tirou pensando em mim e que, por esse motivo, estava assim tão alegre.

– Mas, pelo que sabemos, vocês se reencontraram quando ela tinha 21 anos, não foi? Pelo menos, era o que ela nos contava.

– Você tem razão, mas ela dizia que, no momento em

que foi fotografada, estava pensando que um dia iria encontrar um grande amor e, por esse motivo, estava tão feliz.

– E esse grande amor viria a ser o senhor, que ela nem conhecia ainda, pelo menos, não havia notado, não?

– Foi o que ela disse. E essa foto, ela me deu quando começamos a namorar, e eu, apenas por um capricho, guardei-a e nunca a mostrei a ninguém. Era como se eu quisesse preservar um grande tesouro. A mãe de vocês sabia disso.

Nesse momento, entrou Lucineide, colocando alguns canapés para que se servissem

– Boa noite, Lucineide, como vai? – cumprimentou Amanda.

– Boa noite a todos. Vão comendo esses canapés. Quando seu Tales permitir, trarei mais alguns petiscos.

– O vinho, Lucineide. Pode trazê-lo, pois vamos brindar, assim que eu fizer o meu discurso.

– Discurso, papai?

– Estou brincando. Apenas gostaria, antes de servir o vinho, de dizer algumas palavras, até porque devem estar curiosos com tudo isto, não?

– Papai, está tudo muito bonito. Foi o senhor quem se ocupou da decoração?

– Foi, filha. Fiz questão de eu mesmo cuidar de tudo. Gostaram?

– Está tudo muito lindo, vovô – respondeu Carla, entusiasmada.

Nesse instante, Nelly chegou na casa, juntamente com a Irmã Lúcia e mais três Espíritos que as trouxeram. A mulher irradiava felicidade incontida, e luzes emanavam do alto de sua cabeça, principalmente do coração, símbolo do amor, iluminando a todos.

Aproximou-se carinhosamente dos filhos e netos, envolvendo-os com suas luzes e abençoando a todos.

Os presentes posicionavam-se em pé ao redor da mesa, inclusive Lucineide, aguardando as palavras de Tales, que se encontrava numa das cabeceiras do móvel.

Os quatro Espíritos fizeram com que Nelly se colocasse na cabeceira oposta à do marido para vê-lo e ouvi-lo, pois encontrava-se tão curiosa quanto todos os ali presentes.

– Bem, meus filhos, meus netos, desejo comunicar a todos vocês que, verdadeiramente, eu tenho me encontrado com Nelly, durante o sono, no fenômeno de emancipação do Espírito. E agora possuo provas concretas, apesar de não me recordar do que ocorre nesses momentos e nem o que converso com ela.

– E como pode ter tanta certeza, papai? – perguntou Carlos.

Tales sorriu e continuou:

– Você se lembra de quando lhe falei sobre um número que me lembrei há pouco tempo, assim que acordei, e sobre o qual tive forte intuição de que ele teria sido dito por ela, não?

– Lembro-me sim, pai – respondeu Carlos

– Todos sabemos – disse Elisabeth, pois como o senhor sabe, Carlos e Amanda falaram-nos sobre isso.

– Pois bem. Demorei para compreender o significado dele. Pensava que se tratasse do número de alguma residência, do número da página de algum livro, e até andei pesquisando nas numerações e páginas das obras básicas de Allan Kardec, em alguns romances. Até imaginei tratar-se da numeração do final de algum número telefônico, enfim, coloquei minha inteligência para funcionar, mas nada.

– E, então? – perguntou Alfredo.

– Foi então que, por estes dias, Lucineide entregou-me um livro, na verdade, um romance espírita que se encontrava na gaveta da cabeceira da cama, do lado em que Nelly se deitava.

E ela perguntou-me se poderia guardá-lo na estante

de livros. E, curioso, apanhei o livro, lembrando-me de que, antes de Nelly partir, ela o estava lendo, inclusive, havia dito que estava gostando muito daquela história e que eu deveria lê-lo também.

Como ainda era cedo, comecei a folheá-lo, até que, automaticamente, fui até a página 79.

Tales, então, emudeceu, como que aguardando a emoção deixá-lo continuar, fato esse que não passou despercebido pelos que ali se encontravam, e foi Lilian quem o incentivou a continuar:

– E daí, pai? Encontrou alguma coisa nessa página?

O homem encarou um por um dos filhos e, com a voz embargada, disse:

– Nessa página, um dos personagens da história dissertava sobre o fenômeno da emancipação do Espírito. Eu tenho lido muito sobre esse assunto, mas nunca havia lido esse livro.

– Meu Deus – exclamou Amanda –, e era o livro que ela estava lendo...

– Isso mesmo. Daí, voltei ao início da história e a li do começo ao fim, e ela tratava quase que exclusivamente desse assunto. Era um personagem que estivera em coma por vários dias e que, nesse período, em Espírito, libertava-se do corpo, a ele ligado apenas por um cordão fluídico e encontrava-se com sua mãe, com a qual, assim como com outros Espíritos, aprendeu muito sobre a vida.

– Eu li esse livro, pai! – interrompeu Carlos. – A Amanda também. Nessa história, o homem voltou do coma transformado, já que não havia sido, até aquele momento, um bom pai de família, arrogante e ambicioso que era...

– Isso mesmo, Carlos.

– E essa foi a maneira de a mamãe confirmar que, realmente, o senhor emancipava-se durante o sono e que se encontravam no Plano Espiritual! Não há dúvida nenhuma! – exclamou Lilian, com alegria, dirigindo-se ao pai e abraçando-o.

Lágrimas começaram a brotar dos olhos de todos os presentes. Apenas Mário mantinha-se impassível.

– Pois tenho a certeza de que foi, como você disse, minha filha, a maneira que Nelly encontrou para confirmar os nossos encontros – explicou Tales –, fazendo-me lembrar de um número para que, um dia, eu conseguisse ligá-lo a esse assunto.

– Mas isso é fantástico, papai.

– E agora, há como negar que eu me encontro com a

mãe de vocês? E é isso que estaremos comemorando nesta noite. Alfredo, por favor, abra essa garrafa de vinho e vamos brindar a este momento.

E a garrafa de vinho foi aberta, e pequenas doses foram colocadas em várias taças, sobrando apenas uma vazia sobre a mesa.

– Sobrou uma taça vazia, vovô.

– Esta é de sua avó Nelly, Diogo.

– Está falando sério, papai? – perguntou Lilian.

– Estou, pois tenho plena convicção de que ela se encontra aqui conosco.

E todos brindaram, batendo as taças umas nas outras. Quando terminaram de tomar, depositaram-nas sobre a mesa e perceberam quando Tales apanhou a vazia e a colocou a pouca distância da sua.

Nesse momento, Mário perguntou, em voz baixa, à esposa:

– Lilian, será que não foi uma coincidência tudo isso?

Nelly, ao lado da filha e do genro, tendo ouvido a pergunta dele, olhou para o Espírito Durvalino e rogou-lhe:

– Há a possibilidade, meu irmão?

– Acredito que por intermédio de Lucineide. Percebo

que ela possui certo grau de mediunidade de efeitos físicos. Posso tentar.

Lucineide encontrava-se muito emocionada e, inspirada por Durvalino, dirigiu o olhar para a taça vazia e disse:

– Não sei por que, mas lembro-me de dona Nelly passando os dedos úmidos sobre a borda dessa taça de cristal para fazê-la assobiar. Vocês se lembram?

E todos, automaticamente, voltaram o olhar para a taça mencionada, lembrando-se de que, realmente, a mãe sempre fazia isso, pois o cristal, estimulado pela vibração do dedo umedecido, assim o fazia.

Nesse mesmo instante, a taça começou a vibrar e, por alguns segundos, um sonido agudo ecoou no ambiente, numa delicada vibração que parecia penetrar bem fundo no coração de cada um.

E todos choraram lágrimas de elevada felicidade, ternura e plena convicção.

Mário ajoelhou-se.

Com a vibração, a taça de Nelly havia lentamente se aproximado da de Tales e, assim que o som foi interrompido, um leve e rápido tilintar foi ouvido quando ambas se tocaram e ainda balançaram num pequeno esforço para permanecerem em pé no centro da mesa, numa verdadeira declaração de amor.

Epílogo

MAS ESTA HISTÓRIA não terminou aqui.

Alguns anos se passaram, e Tales continuou a encontrar-se com Nelly, por vezes tendo algumas lembranças ou, pelo menos, deduções dos acontecimentos vividos durante o sono, e inclusive, participando de trabalhos socorristas numa equipe, juntamente com ela.

Quando na Terra, dedicou-se incansavelmente ao socorro e auxílio aos moradores de rua, aos pobres e aos catadores de recicláveis.

Até que chegou o grande dia quando, emancipado, Nelly levou-o para conhecer uma habitação individual, simples, mas muito bonita.

Tratava-se de uma pequena casa, junto a outras tantas, cercada de muito verde e com floreiras à entrada.

– Um bairro, Nelly?

– Isso mesmo, Tales. E é nele que agora estou morando.

– Você conseguiu, através de seu trabalho?

– Sim, e você também tem participação nisso.

– Eu? Como assim?

– Por sua dedicação, durante todos estes anos, trabalhando em benefício de muitos necessitados, não só na Terra, como aqui no Plano Espiritual.

– Eu também conquistei bônus-hora?

– E por que não? Bônus-hora que, somados aos meus, deu-me esse direito. Gostaria de morar aqui comigo?

– É o que mais desejo, Nelly, quando chegar a minha hora, evidentemente.

Nelly já se encontrava bem mais jovem, com a aparência de uma linda mulher de trinta e poucos anos. Tales, por sua vez, quando na carne, aparentava a velhice dos anos que detinha, mas quando no Plano Espiritual, apresentava-se cada vez mais rejuvenescido.

– Tenho uma surpresa para você, Tales.

– Uma surpresa?!

– Você sempre notou que quando se desprende do corpo, durante o sono, um cordão luminoso ainda o liga a ele, não?

– Sim, um cordão fluídico.

Nelly abriu largo sorriso, abraçou carinhosamente o marido e perguntou-lhe:

– Você consegue vê-lo agora?

– O quê? – perguntou o agora bem mais jovem Tales, tentando localizar o cordão – Não, Nelly.

E permaneceu alguns segundos em silêncio, tentando absorver a óbvia conclusão do que lhe acontecera.

– Eu... Eu... morri?

E Nelly, com os olhos rasos d'água, respondeu-lhe, com incontida demonstração de alegria:

– Não, Tales, você não morreu, pois sabe muito bem que a morte não existe. Você agora pertence a este mundo. O meu mundo. O nosso mundo.

E Tales ajoelhou-se, no que Nelly o acompanhou, e proferiu emocionada e singela prece, agradecendo a Deus pela dádiva da vida.

Nelly, então, levantou-se, estendendo-lhe a mão, e o convidou:

– Venha, Tales. Vamos entrar. Não quer conhecer o nosso novo lar?

FIM

Compartilhe suas opiniões em nossa página no facebook

www.facebook.com/livroUmaDeclaracaodeAmor

Reflexão

Esta história nos leva a raciocinar sobre os laços com nossos entes queridos que já partiram para o plano espiritual, utilizando como veículo a prece e a emancipação do Espírito durante o sono do corpo físico.

Como bem sabemos, quando nosso corpo adormece, a fim do descanso necessário para a recuperação de suas energias, nós, Espíritos, desligamonos dele e passamos para o plano espiritual, onde podemos nos encontrar com outros Espíritos, estejam também emancipados como nós ou já totalmente libertos do corpo físico.

Dificilmente nos recordamos desses momentos porque nosso cérebro libera lembranças de fatos corriqueiros da vida material, muitos deles advindos de vontades, temores ou mesmo de cenas por nós presenciadas pelos mais diversos meios.

Quando libertos, podemos simplesmente, como Espíritos que somos, mantermo-nos ociosos, também adormecidos, ou sair em busca de atividades, de acordo com a afinidade de nossos desejos e anseios, sejam eles de ordem superior ou inferior, conforme as nossas vibrações.

Diante disso, devemos sempre elevar o nosso padrão moral e nossas atitudes para que, nos momentos de emancipação, estejamos mais próximos de nossos benfeitores.

E, para uma maior compreensão, destacamos, a seguir, o que nos dizem os Espíritos a respeito desse assunto, em trechos selecionados e extraídos de *O Livro dos Espíritos*, Cap.VIII, de Allan Kardec:

(...) *Durante o sono, os laços que o unem* (o Espírito) *ao corpo se relaxam, e o corpo não necessita do Espírito. Então, ele percorre o espaço e entra em relação mais direta com os outros Espíritos.*

(...) *Com eles* (os Espíritos), *viajam, conversam e se instruem, trabalhando* (...)

(...) *O sono é a porta que Deus lhes abriu até seus amigos* (...)

E por que não nos lembramos?

(...) *como o corpo é matéria pesada e grosseira, dificilmente conserva as impressões que o Espírito recebeu, porque este não a recebeu pelos órgãos do corpo.*

No caso de Tales e Nelly, ambos desejavam reencontrar-se e assim conseguiram devido às suas elevadas atitudes e pensamentos cristãos.

Como vimos, com exceção de Nelly, Tales não se lembrava de nada, mas possuía grande convicção de que isso ocorria, até porque, por recomendação da esposa, quando no Plano Espiritual, procurava vivenciar aqueles instantes como sendo a sua verdadeira vida e isso, inconscientemente, dava-lhe mais certeza.

E quando retornava do sono, percebia ter adquirido novos ânimos para a continuidade da vivência na matéria mais densa.

Também transcrevemos, a seguir, passagem que se encontra no *O Evangelho Segundo o Espiritismo*, Cap.XXVII, de Allan Kardec:

(...) *Deve se elevar aos pés da majestade divina com humildade, com profundidade, num arrebatamento de gratidão por todos os benefícios concedidos até esse dia: pela noite que se escoou e durante a qual vos foi permitido, embora inconscientemente, retornar junto de vossos amigos, de vossos guias, para haurir, ao seu contato, mais força e perseverança.*

No presente romance (Uma declaração de amor), com relação ao fato de Tales ter tido uma inspiração quanto ao número 79, recorremos ao que diz o Espírito André Luiz, no livro *Mecanismos da Mediunidade (FEB)*:

(O Espírito emancipado, durante o sono) (...) *sintoniza-se com as oscilações de companheiros desencarnados ou não, com as quais se harmonize, trazendo para a vigília no carro de matéria densa, **em forma de inspiração**, os resultados do intercâmbio que levou a efeito, porquanto raramente consegue conscientizar as atividades que empreendeu no tempo de sono.* (grifo nosso)

Isso ocorre com todos nós, Espíritos que somos, apesar de não nos recordarmos.

E, cientes dessa oportunidade que Deus nos oferece, devemos permanecer atentos com nossas atitudes e sentimentos para com o próximo em nosso dia a dia e, ao nos recolhermos para que o nosso corpo adormeça e recupere suas energias, proferir uma prece, rogando a Deus que nos abençoe e nos auxilie para que essa excursão nos seja altamente produtiva e que não somente possamos nos encontrar com aqueles por quem nutrimos grande amor, como também possamos ter a oportunidade de trabalhar em benefício de nossos semelhantes.

leia estude pratique

Conheça mais sobre
a Doutrina Espírita
por meio das obras de
Allan Kardec

ide ideeditora.com.br

OUTRAS OBRAS
DO AUTOR ▶ **WILSON FRUNGILO JR.**

Vinte dias em Coma
Wilson Frungilo Jr.

Bairro dos Estranhos
Wilson Frungilo Jr.

"Uma surpreendente descoberta na reconquista dos valores mais caros da existência." Comovente história de amor a nos comprovar que esse sentimento maior pode ser resgatado no coração daqueles que se propuserem a encontrar a felicidade, bastando o mágico toque da humildade, do perdão e da ternura. É o que narra este romance, demonstrando que um exame mais apurado sobre quem realmente somos, e sobre os porquês da vida, pode nos transformar, levando-nos à plena felicidade, dentro dos caminhos da bondade e do amor. O leitor em muito se emocionará com as tocantes surpresas no desenrolar deste livro, onde a temática do intercâmbio entre os dois planos da vida é tratada sob cativante prisma. Enfim, uma obra que nos traz a certeza de que poderemos ser felizes desde que implantemos a felicidade ao nosso redor.

Emocionante estória do operário Atílio que, além de perder a esposa num desastre de ônibus, vê-se desempregado, passando a viver como andarilho pelas ruas da grande cidade, juntamente com a filhinha de apenas três anos.

Encontra, então, na pessoa de Sebastião, velho caminhante, o único apoio fraterno, culminando com a sua chegada até um "estranho" bairro, onde edificantes ensinamentos lhe são descortinados. Paralelamente, a personagem Clotilde, a desconhecida, percorre as páginas desta marcante obra que reserva ao leitor, um surpreendente e inusitado final.

www.ideeditora.com.br

OUTRAS OBRAS DO AUTOR ▶ WILSON FRUNGILO JR.

O Abridor de Latas
Wilson Frungilo Jr.

O Dono do Amanhã
Wilson Frungilo Jr.

Este romance narra a história de Agenor que, após imprevisível e inevitável derrocada financeira, desempregado, sem lar e sem ninguém, se vê na triste situação de viver como um andarilho, abrigando-se, de cidade em cidade, em albergues ou outros abrigos que venham a lhe propiciar as necessárias horas de repouso.

Para sobreviver, vende objetos de bambu que ele mesmo confecciona, chamando a atenção com um brinquedo ilusionista, feito desse mesmo material.

Também oferece abridores de lata, de porta em porta e essa a razão do título desta obra, porque, de formação espírita, utiliza seus conhecimentos da Doutrina, transmitindo, aos que cruzam o seu caminho, libertadoras verdades sobre a vida, o que o torna um caridoso abridor de corações para a felicidade...

A todos instante, onde quer que estejamos, a vida nos acena com a oportunidade de sermos bons... E felizes.

O amanhã de Jorge se iniciou no dia em que, percebendo que as grandes riquezas estariam nas coisas mais simples e sinceras, e movido pela força das circunstâncias, partiu em uma viagem de lembranças, recomeços e esperanças. Pilotando um antigo sonho e acompanhado por or, seu inseparável cão, seguiu em direção à sua cidade natal, para reviver antigas histórias, rever velhos amigos e, quem sabe, reencontrar um grande amor.

Um amor que jamais deixou de existir e que se fortaleceu pela capacidade de fazer o tempo voltar, e o passado fundir-se novamente com o presente...

www.ideeditora.com.br

idelivraria.com.br

Pratique o "Evangelho no La

Aponte a câmera do celular e
faça download do roteiro do
Evangelho no lar

Ide editora é nome fantasia do Instituto de Difusão Espírita, entidade sem fins lucrativos.

◄◄ DISTRIBUIÇÃO EXCLUSIVA ►►

boanova editora

📍 Av. Porto Ferreira, 1031 | Parque Iracema
CEP 15809-020 | Catanduva-SP
📞 17 3531.4444   📱 17 99777.7413

📷 boanovaed
▶ boanovaeditora
f boanovaed
🌐 www.boanova.net
✉ boanova@boanova.net

Fale pelo whatsapp

Acesse nossa loja